懂心理学的
父母这样批评孩子

袁争华 ◎ 编著

中国纺织出版社有限公司

内 容 提 要

本书是一本帮助我们改变教育理念的书，它从常见的教育问题出发，分析盲目批评、打压呵斥对孩子成长的危害，让父母认识到自身行为的偏颇，从根本上改变错误的批评方式，做不盲目、不暴躁的父母，做不打击、不嘲讽的父母，多给予孩子理解和陪伴，用关心和爱帮助孩子建立自我，自信成长。

图书在版编目（CIP）数据

懂心理学的父母这样批评孩子 / 袁争华编著. -- 北京：中国纺织出版社有限公司，2024.4
ISBN 978-7-5229-1704-7

Ⅰ．①懂… Ⅱ．①袁… Ⅲ．①家庭教育 Ⅳ．①G78

中国国家版本馆CIP数据核字（2024）第079051号

责任编辑：刘桐妍　　责任校对：高　涵　　责任印制：储志伟

中国纺织出版社有限公司出版发行
地址：北京市朝阳区百子湾东里A407号楼　邮政编码：100124
销售电话：010—67004422　传真：010—87155801
http://www.c-textilep.com
中国纺织出版社天猫旗舰店
官方微博 http://weibo.com/2119887771
鸿博睿特（天津）印刷科技有限公司印刷　各地新华书店经销
2024年4月第1版第1次印刷
开本：710×1000　1/16　印张：11.5
字数：150千字　定价：49.80元

凡购本书，如有缺页、倒页、脱页，由本社图书营销中心调换

前 言
PREFACE

人们都说"可怜天下父母心",每位父母对孩子的成长都费尽了心神。为了培养出优秀的孩子,父母们使出浑身解数,凡事亲力亲为,从孩子一出生就开始"鸡娃",孩子小的时候事事依赖父母,也能够听从安排,但是随着孩子的成长,孩子的独立意识、自理能力的增强,他们不再完全遵从父母的思想,而是开始按照自己的思维和想法行动,有时还会和父母对着干。虽然这是孩子成长必须经历的过程,是正常的成长表现,但是在父母的眼里,这是孩子不懂事、不听话的表现,孩子的很多探索或者冒失行为会受到家长的批评、谴责,脾气不好的父母甚至会打骂孩子,当然基本上这些手段的作用不大,孩子依然我行我素,父母一边生气一边还会埋怨自己教子无方。

孩子的管教问题,从古至今都是父母最重视和最头疼的问题,哪个父母不希望自己的孩子有学识有礼貌、高情商懂礼仪呢?可是在望子成龙、望女成凤的同时,父母们也应该反思一下自己的教育方式。如果你细心观察就会发现,孩子常常一受到批评,就乱发脾气、又哭又闹,即使再三纠正,他也还是不长记性,下次仍然犯同样的错误。为什么会出现这样的情况呢?其实,孩子的问题,与家长的处理方式密切相关!

首先,作为父母,我们需要了解孩子种种行为背后的心理原因。找到问题的根源,才能对症下药,帮助孩子改变不良的行为。有一些孩子脾气暴躁,也是受父母的影响,父母平时总是动不动就发怒,孩子耳濡目染,也会有样学样。所以,在家庭教育中,父母以身作则是非常重要的,父母是孩子成长中接触最多的人，也是孩子最重视的人，父母的言行举止，对孩子习惯的养成影响巨大。对于那些有不良行为的家长，和孩子一起改正、共同进步是非常有必要的。

其次，家长要懂得正面引导的益处。一味说教、训斥，乃至打骂孩子，只会让孩子的心离我们越来越远，甚至会加重孩子的逆反心理，不如用正面引导代替批评，和孩子好好说话，平等沟通，教会孩子认知和梳理自己的情绪，告诉他应该懂得的礼仪，帮助孩子学会表达内心、大胆向父母宣泄情绪，让他们知道任何行为都要有边界，任何举动都要适度，相信每一个愿意真心、耐心和孩子交流这些问题的家长，都会得到自己满意的结果。

天下无不是的孩子，只有不懂教育的父母，要想孩子健康快乐地成长，父母就要给孩子一个安静祥和、温馨有爱的家庭，就要和孩子一起学习、成长。了解孩子在成长中的点点滴滴，给予孩子心灵上的依靠，孩子自然会对我们敞开心扉，也会做到尊重他人、播撒善意。

本书从很多家庭日常生活中遇到的批评孩子的问题出发，使家长朋友们了解与孩子沟通的重要性，并给出合理的建议，从正面教育出发，批评也要讲方法，希望书中的案例和建议，对大家有所帮助。

编著者

2023年8月

目 录

第 01 章
批评有"方",孩子犯错需要指导而不是责备 —— 001

信守诺言,孩子不遵守约定该如何批评　　/ 003

缺乏批评,孩子容易养成任性的毛病　　/ 007

制定规矩,给孩子的行为一定的约束力　　/ 010

孩子的成长不只需要夸奖,更需要适度批评　　/ 014

适时拒绝孩子,不必对他有求必应　　/ 017

犯错的孩子,父母应该怎么批评　　/ 020

第 02 章
批评孩子不要感情用事,运用点语言技巧效果更好 —— 023

对孩子多些"建议"少些"命令"　　/ 025

找到孩子愿意接受的说话方式　　/ 028

通过批评教会孩子完整地表达　　/ 031

不要只顾着批评而忽略了孩子的求助信号　　/ 034

对孩子进行教育时多用"你知道吗"　　/ 037

别忙着斥责孩子的要求,先教会孩子"冷冻"欲望　　/ 040

第 03 章
责任教育，鼓励犯错的孩子对自己的错误负责 —— 043

父母在教育问题上要保持态度一致 / 045

先自我批评，再批评孩子 / 048

言传身教，做孩子最好的榜样 / 051

引导孩子自我反省，认识自己的错误 / 054

广开言路，允许孩子给父母提意见 / 057

第 04 章
善于批评，批评的根本目的在于让孩子改正和自我完善 —— 061

找到批评的正确方法，提升孩子的自制力 / 063

从小纠正孩子的性格弱点 / 065

孩子犯错，家长要及时纠正 / 069

告诉孩子犯错可以，但是要对自己的行为负责 / 073

逆商教育不可忽视 / 075

第 05 章
避免随意批评，了解孩子调皮行为背后的原因 —— 077

了解你的孩子，听听他的心里话 / 079

适度期望，别给孩子太大压力 / 082

孩子爱"捣乱"，没必要大惊小怪 / 084

孩子犯错很正常，没必要大惊小怪 / 087

孩子调皮，你知道为什么吗　　　　／091

第06章
忠言也能顺耳，批评是父母都要掌握的一门艺术 —— 095

批评这门艺术，你掌握了吗　　　／097

批评孩子，要看场合和时机　　　／099

批评不是审判，让孩子认识到错误即可　　／102

批评孩子，这几点雷区不可踩　　／105

"三明治批评法"，让孩子轻松接受你的批评　　／108

第07章
把握批评尺度，防止摧毁孩子稚嫩的心灵 —— 113

恐吓式批评，会培养出胆小懦弱的孩子　　／115

冷嘲热讽会诱发孩子的暴力倾向　　／119

避免破坏性批评给孩子带来伤害　　／123

冷暴力会给孩子带来极大的伤害　　／128

体罚会对孩子造成难以磨灭的心理阴影　　／131

第08章
树立正确观念，让孩子认识行为的是非对错 —— 135

批评时不要拿其他孩子来和自己的孩子比较　　／137

教会孩子正确的道理，比批评惩罚更重要　／ 140

一味批评，不如传输价值观　／ 143

偶尔的沉默，比严厉批评更有效果　／ 146

孩子犯错了，父母也要反思自己的不妥之处　／ 148

让孩子明确行为的边界，培养敬畏之心　／ 151

第09章
批评之前搞清楚状况，别武断下定论错怪了孩子 ── 155

允许孩子用哭等方式表达不良情绪　／ 157

不要忽略孩子表达自己想法的意愿　／ 160

别嫌孩子磨蹭，听孩子把话说完　／ 163

允许孩子说不，别总用听话来限制孩子　／ 166

不要完全否定孩子插嘴说话的行为　／ 169

孩子为自己争辩并不是不尊重他人　／ 172

参考文献　／ 175

第01章

批评有"方",孩子犯错需要指导而不是责备

信守诺言，孩子不遵守约定该如何批评

父母应让孩子懂得，即便自己吃亏，也不能打破约定。若孩子不遵守约定，那他们是应该被批评的。约定的本质是一种信任与被信任，遵守约定反映的是人的诚信品质。孩子从小知道遵守约定的重要性并能身体力行，这对他们的一生是非常重要的。而父母需要做的就是帮助孩子养成遵守约定、信守承诺的习惯。

父母与子女之间的互相承诺也应像与大人的交往一样认真对待，这不但是与孩子交流的一种合理方式，同时也是培养孩子健康人格的一种教育手段。一旦孩子意识到自己答应了的事情就一定要做到，他便懂得了责任感，从而学会履行责任，养成良好的道德习惯。

1. 制订一些简单的规矩

制订的规矩应该简单易懂，让孩子容易遵守。父母需要避免一下子制订许多规矩，避免制订一些复杂的规矩，更不要制订孩子不容易遵守的规矩，否则这就好像是空头支票，没有任何意义。而那些简单易守的规矩会让孩子感到遵守规矩是一件高兴的事情，能让他们增强自信心。

2. 提前约定

约定的时机一定要在行动之前，不要出现问题后才来谈约定。比如，父母在出门前就应和孩子说，"我同意带你去超市，不过这次不买玩具"或"这次只买一个玩具，行吗"，等到孩子答应之后才继续行动。

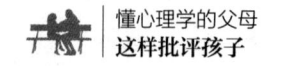

3. 父母需要以身作则

父母想要孩子学会遵守约定，自己就要作好榜样。有的父母不能以身作则，和孩子约定的是一套，自己做的又是另外一套。有许多家庭在教育孩子方面往往意见不合，这会让孩子觉得自己有了靠山，有了袒护自己的人，他们便不害怕受到惩罚。此外，这样会影响孩子正确价值观的形成，他们不知道怎样的做法才是正确的。

父母经常会对孩子妥协，当孩子违约之后，父母因为受不了孩子的哀求而妥协，如此一来，孩子就会变本加厉地违背约定。假如父母对孩子进行威胁，如"你说话不算数，妈妈不要你了"，说这样的话，反而会打消孩子反省的意愿。

父母习惯性的错误做法是哄孩子，时间长了，孩子会觉得"反正我只要一哭闹，他们就会过来哄我，这招最管用了"。结果，不遵守约定、哭闹、耍赖就成了孩子们的家常便饭，再想纠正过来就更困难了。当父母没办法兑现承诺的时候，就需要向孩子说明原因，否则就会让孩子产生一种父母说话不算数的误解。

4. 约定一旦开始，就不要放弃

与孩子制订的约定一旦开始，就不要轻易放弃。不要对孩子的反抗显得手足无措，更不要轻易放弃、妥协，给孩子设例外、开绿灯。坚定的约定能给孩子安全感，而摇摆不定则让孩子感到无所适从。因此，父母自己首先要遵守约定，一旦开始，就不能中断，即便确实难以完成，父母也要和孩子一起想办法，努力去解决问题。

5. 尝试让孩子承担后果

在违反约定的时候，品尝行为后果对帮助孩子建立行为准则是非常重要的，父母需要动脑筋，给孩子实施自然和逻辑后果，通过行为后果帮助孩子学会承担责任。父母要让孩子知道，假如自己不遵守规则，就会承担不愉快的后果，如受到惩罚。所以，在给孩子建立规则的过程当中，一定要让孩子学会承担自己的行为后果。

6. 对孩子要言而有信

父母要尊重孩子，不要以为孩子年龄小、不懂事，就对孩子说过的话不重视，不管是否兑现都不在意。因为在孩子的眼里，守信用是最重要的。孩子有时候会抱怨父母说话不算数，只是因为他们希望自己的愿望得到满足。

7. 注重许诺的次数

对孩子许诺的次数应随着孩子年龄的增长慢慢减少，因为年龄小的孩子控制能力比较差，许诺可以适当多些，随着孩子年龄的增长，有较好的自控能力，许诺的次数可以慢慢减少。

8. 避免胡乱许诺

父母的许诺必须有利于孩子的健康成长，起到正面教育的作用。因此，父母不要在孩子面前夸口，许诺太多而又不能兑现，那会让父母在孩子心目中的地位大大降低。假如孩子提出了一些不应该提出的要求，父母则需要有自己的原则和底线，把握一个"度"，清楚地告诉孩子是否可以。这样会让孩子慢慢懂得在生活中有"可以""不许""应该"等一系列概念，父母是非分明，才能促进孩子的心理健康。

9. 多进行精神许诺

许诺包括物质许诺和精神许诺，适度的物质许诺是可行的，但不能过度，否则只会滋长孩子虚荣、自私等不良个性。父母可以尽可能地许诺精神活动，如许诺给孩子买书，带孩子去看画展、旅游等，这样不但可以调动孩子做

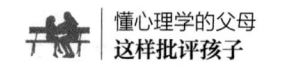

事的积极性，同时还可以丰富孩子的精神世界，开阔视野。

10. 当诺言不能兑现时应积极应对

有时父母因为需要工作等原因影响了诺言的兑现，令孩子感到失望、委屈，这时，父母不可以强迫孩子接受许诺不能兑现的结果。父母应该主动而诚恳地向孩子道歉，然后将不能兑现的原因告诉孩子，获得孩子的理解和原谅，并在以后寻找合适的机会兑现自己没有实现的诺言。即便孩子短时间内没办法谅解，父母也不要用呵斥、教训的方式对待孩子，应允许孩子发牢骚、表达不满的情绪。父母错了，或没能实现自己许下的诺言时，假如可以向孩子说一声对不起，可以帮助孩子建立自尊，同时可以培养孩子尊重人的习惯。

缺乏批评，孩子容易养成任性的毛病

在生活中，我们经常看到一些孩子，为了达到某些目的特别任性，有时甚至会哭闹不止，把父母搞得精疲力尽，仍不罢休。面对这样的情况，有的父母选择退让，或者听之任之；有的父母则把这种任性完全归咎于独生子女太受娇惯。

儿童心理学家的研究表明，孩子任性是一种心理需求的表现。孩子随生理发育，开始慢慢接触更多的事物，他们看待这些事物正确与否，不可能像父母那样可以瞻前顾后地分析，甚至作出判断。孩子只是凭着自己的情绪和兴趣来参与，即使这些事物可能是对他不利的，甚至是有害的。这时父母常常会以成年人的思维去考虑他参与的结果，完全忽略了孩子参与的情绪和兴趣。

处于独立性萌芽期的孩子，一切事情都想亲力亲为，都想弄个透彻，这本来是一件好事。不过，这种"亲力亲为"的心理，往往不能合理地表现出来。父母对于这样的情况，不可全权包办代替，也不要断然拒绝。否则，孩子的任性心理将会更加严重。孩子的任性，其实是一种与父母对抗的逆反心理，其根源在于父母没有重视他们的心理需求。

1.培养孩子良好的行为习惯

培养孩子良好的行为习惯，可以从根本上解决孩子任性的问题。父母可以让孩子从小养成良好的行为习惯，处处按照要求做，这样孩子就可以自觉地和父母保持一致了。一旦孩子养成了良好的生活习惯，做什么都有规矩，他就

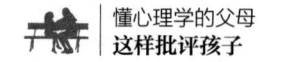

不会随便提出一些特殊要求。

2. 坚持原则

孩子之所以任性，往往是因为抓住了父母的弱点，父母越怕孩子哭，孩子就越是哭个没完；父母越怕孩子满地打滚，孩子就偏在地上滚个没完。对于孩子提出的不合理要求，不论他怎么哭、怎么闹，父母绝不能有任何迁就的行为表现，要坚持原则，态度坚决，而且势必坚持到底。

3. 情感上理解，行为上约束

父母要在情绪上理解孩子的行为，但在行为上要坚持对孩子的约束。比如，在吃饭的时候，孩子看到桌上没有自己喜欢吃的菜，就生气地拒绝吃饭，这时，即便冰箱里有原材料，父母也不要迁就孩子，应明确表示饭菜已经准备好了，不可以随便换。假如孩子继续哭闹，就让他饿一顿，等他觉得饥饿时，自然会寻找东西吃。

4. 鼓励孩子多与小伙伴玩

群体生活的一个重要原则就是少数服从多数，假如个人的意愿与多数人不一致，那就会被否定。父母可以多让孩子与同伴玩耍，因为在同龄人中间，假如孩子总是任性，他就会被群体孤立。任性的孩子处于群体之中时，他不会随便把自己的小性子表现出来，他明白自己任性只会遭人讨厌。这样时间长了，孩子身上任性的习惯就会慢慢淡化了。

5. 适时批评

有的父母觉得孩子就是这样任性，估计无法改正。实际上并非如此。孩子毕竟还小，只要父母善于诱导，完全可以改变他任性的毛病。父母在诱导时要多利用积极因素，克服消极因素。当孩子任性时，父母需要适时采用"三明治批评艺术"，即表扬—批评—表扬。

6.转移孩子注意力

当孩子任性的时候,父母可以利用孩子容易被其他新鲜事物所吸引的心理特点,把孩子的注意力从他坚持要做的事情上转移开,从而改变孩子的任性行为。比如,孩子在一个地方玩得很上瘾,不管父母怎么说他都不愿意离开,这时父母不妨说:"走,我带你去坐汽车。"孩子可能就会愉快地答应下来。

制定规矩，给孩子的行为一定的约束力

"没有规矩，不成方圆"。父母应该在家里保留一定的权威，给孩子立下规矩。当然，孩子的成长是随意自然的，当父母要给孩子行为加以约束时，需要注意的是避免与孩子身上的随意自然相抵触。父母在教育孩子时，要为孩子提供一套基本的标准，简单地说，这是孩子需要遵守的底线，这套标准适用于不同年龄阶段的孩子。例如，犹太民族的律法要求成年人为年长的父母提供饮食、衣物、住处和照料，也就是说不可忽略或者遗弃父母。当孩子还小的时候，犹太律法指出：他们应当始终和颜悦色地和父母说话；别在他人面前顶撞父母；尊重父母和别人的隐私；不要占用父母的餐桌位子；尊重继父继母。

俗话说，"没有规矩，不成方圆"。对军队里的士兵来说是这样，对孩子们来说也是这样。或许，许多父母认为，给孩子定那么多的规矩，他们肯定难以做到。其实，只要父母抱着充分的决心，帮助孩子克服最初的惊讶和抗拒，父母就真的可以教导孩子改善行为，让他们更尊敬地对待父母。

著名的教育学家蒙台梭利曾说："父母的规矩应该尽量少立，但立了，就一定要遵守。"父母要让孩子自由成长，但要有一定的底线。或许，父母会认为，孩子还那么小，又总是不愿意，能怎么办呢？事实上，孩子会不会守规矩、能不能守规矩，父母是起决定性作用的人。

有时候父母经常会作出错误的示范：

1. 说话不算数

父母经常会抱怨孩子不听话，实际上父母自己却经常说话不算数。这样的现象是随处可见的：有时候父母请孩子收玩具，假如孩子不听话，父母发了牢骚之后就只好自己收拾了。有时候跟孩子明明说好在小朋友家里只玩半个小时，到时孩子一哭闹，父母多半会妥协，同意再多玩一个小时。既然父母从来都是说话不算数，孩子当然会对父母的话充耳不闻了。

因此，父母需要让孩子明白，说话一定要算数。比如，就吃饭这件事，让孩子明白吃饭是一件自己的事情，每天一日三餐需要定时定量，假如孩子一顿不吃，就必须等到下一顿，不要纵容孩子稍后用许多零食来充饥否则孩子就无法体会饿的感觉，而且一定要让孩子明白，假如不吃，就真的会饿肚子。

2. 控制不了自己的情绪

我们经常会看到父母指责孩子：你怎么就不能安静一会儿听故事呢？像你这样，长大肯定不会好好学习；你这孩子就是坏脾气。有的父母甚至一言不发便动手打孩子。其实父母这样做只是发泄了自己的情绪，孩子则会感到十分委屈，根本不知道父母在为什么生气。

孩子不听话，父母应该就事论事，心平气和地制止孩子的胡闹。父母越平静，教育效果就越好，让孩子服从的应该是父母讲的道理，而不是父母情绪的激烈和说话声音的高亢。如吃饭这件事，吃饭应该是一件快乐的事情，所以最忌讳的是孩子不吃父母却逼着孩子吃。假如孩子几顿都不好好吃饭，却依然没有胃口，那就需要带孩子去看医生了。

3. 对孩子纵容过度

有时候，孩子喜欢吃糖果，尽管父母觉得应该适当控制，但孩子一闹，就一块一块地给。孩子喜欢看动画片，父母就一次次纵容，总是延长时间，直到一整部动画片全部放完才停下。实际上，很多时候不是孩子不遵守规定，而是父母心太软，不肯给孩子定规矩。

对于这样的情况，父母需切记，"没有规矩，不成方圆"。假如孩子不遵守约定，那么父母应发出一次警告；假如孩子还是不听，那父母就应该果断地关掉电源。这样的行为或许有些粗暴，却是父母说到做到的最佳办法。对于孩子来说，越是他们喜欢的东西，就越是要有节制，从小教孩子懂得自我控制，长大他才能自己管住自己，成为一个对自己行为负责的人。

4.粗暴地处理问题

经常会听到父母发出这样的抱怨：这孩子，不就一个小脏瓶子吗，丢都丢了，至于哭成这样吗？或者父母会说：这玩具不好玩，妈妈给你买另外那个。结果孩子不乐意，父母又开始抱怨了。实际上，孩子们有自己的想法和思维方式，父母应该多从孩子的角度考虑问题，这样才能真正地理解孩子心里在想什么。

感受是伴随行为产生的，与其坐等孩子开始变得听话，父母不如主动去培养孩子礼貌的习惯。假如父母每天都跟孩子一起使用有礼貌的措辞，感谢和尊重的感觉就会从孩子的行为中慢慢延伸出来。而且，除了培养良好的态度，措辞和举止会让孩子更在意自己的态度、责任和别人的辛劳，要求孩子们懂礼貌对于教会他们规矩是一个不错的起点。

1.不以大人的行为准则来要求孩子

父母在制订规矩时，不要以成年人的行为准则来要求孩子，别把孩子的所有淘气行为都一律归结为犯错。父母要从孩子的角度出发，制订合理、科学、明了的规矩。父母作为孩子的引导者，给孩子立规矩时要以尊重、直接而又坚定的口吻告诉孩子哪些可以做，哪些不可以。

2. 让孩子容易明白和遵守

父母所制订的规矩要简单易懂，让孩子容易遵守，如要求孩子早点睡觉，不如直接告诉孩子九点半睡觉。当父母制订这些规矩之后，首先要从自己做起，以身作则，才能让孩子遵守。

3. 明确规矩的具体内容

制订的规矩要明确具体内容，毕竟孩子的理解能力弱，自我控制能力也不强，如果制订比较复杂的规矩，不仅不能够让孩子遵守，反而会让孩子摸不着头脑。父母需要把道理讲清楚，而不是简单粗暴地命令孩子，更不要说"一切都是我说了算"，改变态度才能让孩子信任你，然后服从你的要求。

4. 明确奖励和惩罚

父母给孩子制订规矩之后，需要在其中明确奖励和惩罚，孩子做得比较好就奖励，做得不好就应有惩罚。奖励和惩罚需要根据孩子具体的情况来确定，哪怕孩子知道错了，父母也要按照规矩惩罚，从而培养孩子负责任的态度。

5. 规矩要适合长期使用

给孩子制订的规矩要适合长期使用，在这个过程中，孩子可能会感到疲惫，对此父母可以想办法鼓励孩子，培养他好的行为习惯，定好孩子每天做的任务，表现好了就给予奖励，表现不好就要有相应的惩罚。

6. 多听取孩子的意见

父母在给孩子定规矩的时候，要控制好自己的情绪，冷静地制订规矩，并允许孩子提出不同意见甚至反驳，多听取他们的意见，有利于制订出可实施的规矩。一旦规矩制订好之后，就必须执行，父母要帮助孩子成长，严格按照规矩执行，奖罚分明，知行合一。

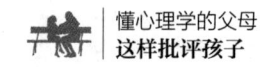

孩子的成长不只需要夸奖，更需要适度批评

现代教育崇尚的是赏识教育，原因是在过往的教育历史中，父母太多不注重方法的批评给孩子造成了难以磨灭的伤害，以至于许多孩子在成年后回忆起父母当年的批评仍感觉心有余悸。于是，赏识教育成为当今教育界的潮流，即要求父母尽可能尊重孩子的自尊心，给予孩子更多的爱和尊重，通过耐心去引导孩子改正错误，这也是大部分父母正在采取的教育方式。

难道，孩子的成长过程就不需要批评了吗？

确实，表扬可以让孩子更有自信。孩子是需要表扬的，毕竟孩子的内心非常脆弱，对他们来说，身边的一切都是非常陌生的，对这个世界以及周围的人和事，他们的认知是一片空白。假如父母不鼓励孩子去接触和探索，他们是不会主动去接触的，时间长了，他们对这个世界也就失去了探索的兴趣。这样看来，孩子确实需要表扬，但这并非要求父母一味给予孩子表扬，假如孩子做错了事情，那就应该给出相应的批评，只是父母要讲究批评的方式和方法，不应用非常严厉的语气去教育孩子，可以用委婉含蓄的语气去教育孩子。

孩子的三观是在成长过程中逐渐形成的，如通过平时的待人接物、生活学习。尤其是儿童时期，孩子的许多习惯都是在这一阶段养成的，他所养成的习惯是好是坏，将直接影响他一生的发展。一旦孩子沾染上一些坏习惯，父母就需要及时批评，通过合适的批评让孩子改正坏习惯，这对孩子的未来是百利而无一害的。

对于孩子，父母并不是时刻陪伴的，就父母本身而言，自己有工作、有生活，可能对孩子的关注并不是每时每刻的，总有疏忽的时候。而且随着孩子年纪的增长，他并不只是待在家里，还要与外界进行频繁的接触，在这个过程中，孩子的行为极有可能是不规范的。对于父母来说，在这时是需要批评的，否则孩子就很容易把这个不好的行为带到成年。

小伟从小跟爷爷奶奶长大，备受宠爱，虽然他看起来聪明伶俐、漂亮可爱，但脾气相当霸道。由于爷爷奶奶总是顺着他的意愿，在家里稍有不满意的地方他就哭闹。他习惯一边玩玩具一边吃饭，总是会耽搁很长的时间，妈妈希望通过批评教育改掉小伟身上的毛病。

有一次，小伟在吃饭时又玩玩具，当妈妈说"我要拿走你的玩具"，小伟哇哇大哭。妈妈对小伟进行了批评教育，告诉他："我们大家都在吃饭，你却玩玩具，等我们吃完了，你才开始吃饭，你知不知道妈妈收拾起来有多麻烦呢？吃饭就专心吃饭，玩就专心玩。"小伟继续哭，发现妈妈不再理他，自己止住了哭声，过了一会儿，怯生生地说："妈妈，我要吃饭。"

之后的几天，到了吃饭时间，小伟就主动跟妈妈说把玩具收起来。而他再也没有哭闹过，每次都乖乖地吃饭。

尽管教育孩子应坚持积极鼓励、启发诱导的正面教育，孩子也喜欢听表扬的话，而且现在绝大部分都是独生子女，在家备受宠爱，听不得一点批评，但正因如此，父母在正面教育没有效果的情况下，对孩子适当进行批评教育是非常有必要的。

孩子的教育是十分关键的。如果孩子做了好事，父母就要尽可能地表扬他，这对孩子内心是一个很大的鼓励，可以增加他的自信心。不过，孩子免不了犯错，因此，不批评是不可能的，只有适当地批评教育，才能让孩子改正错误。孩子犯了错，适当的批评不会对他的心灵造成打击，他会感到自己做错了，下次也就不会再这样做了。

1. 适当的批评可以改掉孩子的缺点

父母适当的批评可以让孩子认识到自己在哪些方面有不足，自己的缺点有什么，从而改正自己的缺点，尽可能避免缺点带来的负面影响，发挥自己的优势，可以更有效地促进孩子的成长。

2. 让孩子对自己的言行负责

生活中，因为孩子的过错会给其他人带来麻烦，父母适当的批评可以让孩子知道为自己的言行负责，如摔坏了东西要赔偿。通过适当的批评，让孩子逐渐成为一个有担当、有责任感的人。

3. 纠正孩子错误的行为

适当的批评会让孩子知道什么是正确的、什么是错误的，帮助孩子树立正确的价值观，适当的批评是一个孩子健康成长必不可少的条件。父母在批评孩子时，既要晓之以理，又要动之以情，抓住适当的时间和环境，讲清楚道理，让孩子意识到问题所在，从而引导他们形成正确的思想和言行。

适时拒绝孩子，不必对他有求必应

经常丢三落四，找不到自己的书和作业本，漂亮的书包里乱得像"纸篓"，这是许多小孩子身上时常发生的事，而造成这种情况的很大一部分原因就是父母对孩子的事情大包大揽。父母总认为孩子还小，一些事情还不会，却不懂得教会孩子怎么去做，连整理书包这样的事情也一手包办。长期这样下去，孩子的生活自理能力就会越来越差，现在可能只是书包乱糟糟的，而以后他的生活都将是乱糟糟的，没有任何的条理性。作为父母，我们没有必要对孩子有求必应，而应通过适时的批评培养孩子的动手能力和责任意识。

孩子生活自理能力弱，动手能力弱，对父母依赖性强，这些情况需要父母及时干预，让孩子明白他们已经不再是低年级的小学生了，已经长大了，自己能做的事情要自己做，特别是自己的学习用品、书包一定要自己整理，这样，就不用担心东西找不到了。另外，父母首先要从和孩子一起整理书包开始，教会孩子学会看课程表，逐渐地让孩子依据第二天的课程安排来整理书包。为了让孩子学会有序地生活，父母应该有意识地让孩子做一些力所能及的事情，不要担心孩子做不了，而应多找一些机会培养他独立生活的能力。

一般而言，孩子在两三岁的时候，父母就可以慢慢教他们学做自己的事情，到五六岁孩子就能基本自理了，再大一点就可以帮助父母做一些简单的家务。"孩子才四五岁，让他做些家务事合适吗？"有不少父母表达了自己对孩子做家务事的矛盾心理，他们觉得应该从小锻炼孩子，让孩子做些家务活，但又觉得孩子还比较小，不知道让孩子做些家务是否合适。其实，教育专家建议，父母应该从小培养孩子做家务的意识，相信孩子会做好，放手让孩子做一些力所能及的家务活，如帮父母拿衣物、鞋子、小凳子等，如果孩子有兴趣，也可以教会孩子扫地、擦桌子、叠衣服等，培养孩子爱劳动的好习惯。而且，在做家务的过程中，孩子本身也会感受到乐趣。

父母让孩子做一些力所能及的家务活，可谓是益处多多：首先，这样有利于培养孩子的自立意识和独立生活的能力。现在，大多数孩子都是独生子女，宠爱孩子的父母会把衣食住行都包办了，这样下去会让孩子缺乏应有的生活常识，生活自理能力也很差，一旦离开了父母就会变得无所适从。父母应该明白让孩子做一些简单的家务活，通过学习一些基本的生活常识，可以增强他们的生活自理能力。其次，让孩子干一些力所能及的家务活，有利于训练孩子的手脑协调功能，让孩子在手和脑的不断循环中相互促进，增强孩子动手动脑的能力。最后，在帮助父母干家务活的过程中，可以让孩子体验到劳动的苦与乐，丰富孩子的课余生活，也为孩子提供一个体验父母生活的机会，让孩子懂得感恩，懂得珍惜每一天。

1. 让孩子学会有序地生活

学会有序地生活是追求高品位生活的表现，特别是对于正在成长的孩子，有序的生活环境有利于孩子形成文明的生活习惯，孩子将受益终身。这时候不妨让孩子从收拾自己的书包开始，逐步培养孩子有序的生活习惯。父母要唤醒孩子的独立意识，改变孩子事事都依赖父母的坏习惯。当孩子乐意主动动手时，父母要给予表扬，让孩子看到成功，体会到快乐。

2. 让孩子学会自我服务

有的父母认为孩子还太小，什么事情都做不了，在这样的思想下，他们对孩子的一切事情大包大揽，表面上是爱孩子，其实是害了孩子，因为总有一天孩子要脱离父母的庇护，张开翅膀自由飞翔。所以，父母要培养孩子独立生活的能力，要让孩子知道自己的事情自己做。当孩子还小的时候，父母可以教孩子学会自己穿脱衣服、自己穿鞋系带、自己铺床叠被、自己吃饭、自己洗脸洗手、自己收拾整理玩具学习用品等。在学习中，父母要先示范，然后让孩子在父母的指导下练习，直到孩子独立也会做为止。

3. 让孩子做一些力所能及的家务活

有的父母认为孩子的任务就是学习，家里的事情用不着操心，实际上，做一些力所能及的家务活可以让孩子放松心情，真正地做到劳逸结合。父母应该让孩子做一些简单的事情，如与父母一起打扫清洁、择菜、洗菜，还可以让孩子学会做饭，做一些简单的菜，让孩子到不远的地方买些日用品，等等，这样，即便是父母外出了，孩子也能够照顾好自己。其实，这些事情在孩子看来是新鲜的，也是快乐的，他在做这些事时也会有成就感，觉得自己能帮助父母做事了。

犯错的孩子，父母应该怎么批评

假如孩子在新年联欢会上表演出错或做算术题全班倒数第一，孩子会说，"以后再也不会上台表演了，免得当着那么多同学出丑""真希望永远不再做算术题了""我只不过事先没有排练或偶尔粗心罢了，下次我好好准备，超过别的小朋友绝对没问题"。孩子这些面对挫折的心态，并不是与生俱来的，而是经历逆境后慢慢形成的。假如父母能成功地引导孩子认同"我一定能把困难战胜"的态度，那无异于给了孩子一笔巨大的人生财富。

父母总是容易犯这样的错误，在一些比赛中，孩子因失败而哭泣，父母心疼孩子，于是上前安慰："我们认为你是最好的。"父母认为孩子会停止哭泣，不过刚好相反，孩子哭得更厉害了。孩子因为失败而难过的哭泣变成了认为裁判不公平的哭泣，孩子甚至会想："我是最好的，老师是不公平的，我再也不要参加了。"这样一来，孩子会更加认为自己没有输，开始抱怨别人的不公平，最后将自己的失败归在他人身上。父母应该引导孩子正确对待失败，并从失败中吸取教训，这次输了，是什么原因导致的？是因为太紧张吗？是准备不够吗？这样才有助于孩子养成正确面对失败的良好心态。

生活和学习中，孩子常常会犯这样或那样的错误。犯了错误的孩子，心里也常会充满担心，担心老师批评、父母责骂。如何对待犯错的孩子，犯错的孩子应该如何教育？对此，父母首先要摆正自己的态度。对待犯错的孩子，不能厉声责骂，要帮助孩子逐条进行分析，看看孩子做事的动机。如果孩子的动机是好的，父母就要给予及时的肯定，要对他进行适时的表扬；如果孩子的动机不良，父母对孩子也不能姑息迁就，要让孩子认识到自己的错误，帮助他进行改正，以免以后再犯同样的错误。

孩子犯错，究其原因，不外乎两种情况，一是因为自己没有经验，能力达不到，而使自己犯错误；二是明知故犯，已经能明晓事情的结果，却故意犯错，在做事时发怒气、泄私愤，对别人进行打击报复。对待犯错的孩子，父母不应该视若不见，要及时提醒孩子，不要再犯同样的或无意义的错误，应该让孩子在错误中有所进步，让孩子明白知错必改的道理。

1. 让孩子明白错误所在

对待犯错的孩子，要让孩子明白错误所在，父母应把错误看作教育孩子的良机，以平和的心态教育孩子改正自己的错误。如果对犯错的孩子严厉批评、进行处罚，不顾及孩子的承受能力，孩子的心理就会受到重创。心理受到伤害，孩子可能会铭记很多年，以致以后错误不断。因此，对待犯错的孩子，父母要进行正确的教育，多鼓励和肯定孩子，帮助孩子改正错误，让他们健康成长。在教育孩子前，父母首先应端正自己的态度，帮助孩子分析所犯的错误，让孩子从中吸取教训，从而培养孩子的道德良知，让孩子能够健康成长。

2. 帮助孩子分析错误原因

对待犯错的孩子，父母不能一概而论，要分析孩子犯错误的原因，让孩子从思想和心理上认识到自己的错误，进而去改正它。如果父母对孩子的错误不进行认真细致的分析，孩子认识不到自己的错误，就难以进行改正。

3. 用适当的方法教育孩子

父母要教育犯错的孩子，要讲究方法，因人而异。如果孩子任性，不听话，不轻易接受别人的意见，父母就要有耐心，不能着急，要了解孩子的心理，循循善诱，使孩子认识到自己的错误。如果孩子知情达理，懂得是非曲直，父母对孩子的教育就能很快奏效，取得惊人的效果。对待犯错的孩子，要让孩子从错误中学到有益的东西，避免孩子再犯同样的错误，如此对孩子的教育才能取得成功。

第02章

批评孩子不要感情用事，运用点语言技巧效果更好

对孩子多些"建议"少些"命令"

生活中，一些辛辛苦苦把孩子抚养成人的父母，似乎已经理所当然地把孩子当成了自己的私有品。对于孩子，他们动辄颐指气使，要求孩子按照他们的想法去安排生活，根本不在乎孩子内心深处真正想要的是怎样的生活。由此一来，亲子之间的矛盾频频发生，孩子一旦长大，有了自己的思想和主见，就必然和父母形成对抗。这种情况非常普遍，几乎每个家庭都或多或少地遇到过。

其实，如果父母能够改变一种方式和孩子交流，也许会有意想不到的效果。心理学家经过研究发现，当孩子们不假思索地对抗父母的命令时，他们并非是反对命令本身的内容，而是不喜欢命令这种形式。换言之，同样是父母的要求，如果能够换一种方式表达出来，以"建议"的口吻给予孩子参考意见，孩子就不会有那么强烈的抵触心理，自然也就更加愿意理智地思考父母的建议，做出合理的选择。由此一来，就避免了孩子一旦看到父母说话，就毫不犹豫地表示反驳的现象。

豆豆就像是患了严重的"被迫害妄想症"，不管爸爸妈妈和他说什么，他一概捂住耳朵不愿意听，似乎只要听到任何一个字，就会遭到"迫害"。这种情况源于一次家庭冲突。原来，豆豆原本是在学校吃午餐的，吃完之后学校会安排睡午觉,后来看到有几个同学每天中午都回家吃饭,也不用发愁睡午觉的事情,就动了回家吃饭的心思。爸爸妈妈都上班,家里哪里有人为他做午饭呢!因此,豆豆刚刚提起这件事,妈妈就斩钉截铁地说:"不行,想都别想,我可没时间做饭给你吃!"爸爸也在一旁趁热打铁:"豆豆啊,你能不能不添乱了。为了你,我和妈妈都快忙死了,你现在居然还要回家吃饭!你必须在学校吃饭啊!"听到爸爸妈妈的话,豆豆第一反应就是爸爸妈妈根本不爱他,要不然为什么不让他回家吃饭呢!

所以,之后的几天他一直拒绝听爸爸妈妈说话。看到豆豆反应这么强烈,爸爸妈妈也反思了自己的言行,觉得的确有些伤害豆豆脆弱的自尊。这不,爸爸一直想找个机会再和豆豆谈谈呢!

几天之后,豆豆的情绪终于没有那么激动了。爸爸改变了和豆豆的交流方式。他问豆豆:"豆豆,你为什么想回家吃饭呢?"豆豆说:"我们班有三个同学都回家吃饭,中午想睡午觉就睡,不想睡就不睡。"爸爸又问:"那么,你是想睡午觉,还是不想睡午觉呢?"豆豆毫不迟疑地说:"当然是不想啊。""其实,那些回家吃饭的同学未必有在学校吃得好呢!你看,你们学校是由营养师调配的营养餐,厨师给你们做。家里呢,就那么几种家常菜,也没有什么可挑选的空间。""是啊,是啊。学校的饭其实还挺好吃的!""我猜,你主要是不想睡午觉,是不是?你觉得,爸爸如果和老师商量下,让你中午在教室里坐着看书,怎么样?""真的吗?可以吗?"豆豆高兴得两眼放光。爸爸问:"如果可以,你是选择在学校吃饭还是回家吃饭呢?"豆豆毫不犹豫地说:"那就在学校吧!"爸爸也附和道:"嗯,其实我也觉得你在学校吃饭更好。因为回家路上一来一回,也需要耽误很长时间。主要是妈妈从单位赶回来给你做饭的话,时间很仓促,肯定只能做得特别简单。你呢,吃完就要去学校，也没有时间看书，你觉得呢？""那就在学校吧！"毫无疑问，爸爸改用建议的口吻，才打消了豆豆回家吃饭的想法，而且豆豆还很高兴。

每个孩子都有自己的小心思，很多时候，他们也非常委婉，不会把自己的小心思直白地表现出来，而是绕着弯子说。当爸爸妈妈不小心打破了他们的计划，他们一定会恼羞成怒，因为他们小小的自尊心受到了伤害。要想避免这种情况的出现，最好的办法就是给予孩子足够的尊重，不管什么事情，都以建议的口吻向孩子表达意见。记住，强迫只会使孩子们更加逆反，命令的语气也是他们不欢迎的。

父母们，你们是否曾经很喜欢对孩子下达指令呢？从现在开始，不要再给孩子们过多下达命令了！如果你们愿意以商讨或者建议的口吻说话，相信他们会更欢迎你们提供参考意见的！

找到孩子愿意接受的说话方式

随着年纪的增长,孩子的好奇心和探索欲越来越强。对于生活中的一切事物,他们都觉得无比新鲜,想亲自去尝试、摸索。然而,很多事情都是有危险性的,负责照顾孩子的父母们,总是情不自禁地阻止孩子探索的脚步:"别动,危险!""小心,不然就摔倒了!""不要自己倒开水,会烫到的!""不能碰火,会烧伤!""别过马路,车辆危险!""不能吃花生,会卡住!"这么多的"不",对孩子真的有用吗?曾经有儿童心理学家研究发现,对于年纪小的孩子来说,他们不会识别"不",而只会记住后面的话。例如,妈妈告诫孩子"不要和小朋友打架",不如叮嘱孩子"要和小朋友们一起玩,开开心心的"效果更好。对于孩子来说,否定的说法不够直观,他们更擅长接受正面的信息。

很多父母都习惯于用否定的语气和孩子说话,这样恰恰提醒了孩子那些不能做的事情,使他们对其产生浓厚的兴趣,反倒跃跃欲试。使用正面引导的方法,能使孩子们直接接受正面信息,避免孩子们因为受到提醒,而特意尝试危险的事情。此外,一味否定,也会打击孩子们的自信心,让孩子们变得畏缩怯懦。如果一个孩子始终在"不能""不行""不许"中长大,他就会觉得自己生活在无数的条条框框中,即使长大了,也时刻怀疑自己所面对的事情是否能做。与此相反,如果孩子总是在做肯定的事情,并且他所做的事情也都能得到父母的认可，那么他就会渐渐变得自信，变得独立自强。

田恬三岁了，进入幼儿园学习，每天在幼儿园里度过得都很愉快。有一天放学，爸爸问田恬："宝贝儿，今天在幼儿园吃了什么？"田恬想了一会儿，才说："饺子！"不想，旁边的一个家长说："田恬，你说得不对哦！今天幼儿园里吃的是面条。"田恬还坚持说是饺子，爸爸也在一旁说："田恬，小朋友不许撒谎哦！"听到那位家长和爸爸的话，我很不高兴：田恬这么小，怎么可能撒谎呢！她也许只不过是因为午睡过后，就分不清昨天和今天，因为幼儿园里昨天吃的是饺子。想到这里，我说："我们不要引导田恬。教育孩子要从正面教育，不要总是否定孩子。你与其对她说'不许撒谎'，不如对她说'好好想一想，到底吃了什么'。你这样对孩子说话，孩子只会记住撒谎这件事情。"看到我不高兴的样子，爸爸赶紧说："嗯，对对，你说得对。我们要正面引导孩子，不能反面误导孩子。"

晚上回家，奶奶问田恬在公园里见没见到小朋友，田恬认真地想了很久，才说："田恬见到浩浩了，田恬撒谎了。"我不满地看着老公，说："孩子的接受能力就是这么强，所以父母说话一定要多多注意！"我蹲下来，看着田恬的眼睛，认真地说："田恬是个诚实的好孩子，田恬说的每句话都是真的。田恬昨天在幼儿园吃饺子，今天吃的是面条，对不对？田恬最棒了，妈妈相信田恬。"听到我的鼓励，田恬高兴地笑了，自言自语道："田恬是个诚实的小朋友！妈妈喜欢田恬！"

就像事例中的田恬，很多时候，孩子说话不正确，是因为年纪小的孩子午觉之后会有些犯迷糊，分不清自己说的是昨天的事情还是今天的事情。有很多孩子到了四五岁的时候，午觉醒来还不清醒呢！不管孩子是有意识地说谎，还是没有分清楚时间，阐述错了事实，作为父母，都不要在孩子面前提到"撒谎"。毕竟，孩子小的时候是根本不知道撒谎为何物的。即使是否定的教导，也会在孩子心里强化错误的观念。教育孩子的最好方式，就是正面引导，给予孩子积极阳光的心态！

　　年轻的父母们，教育孩子真的是一项无比浩大的工程，你们做好准备了吗？不管什么时候，一定要从正面教导孩子，培养孩子正向思考的能力，并积极面对生活！

通过批评教会孩子完整地表达

如果你曾经和几个正在读幼儿园的孩子接触过，你就会发现处于语言发展黄金时期的孩子们，表达方式差异很大。有些孩子说话的时候总是磕磕巴巴，每句话都是很短的句子，没有完整的成分。一旦着急，他们甚至会变得结巴起来，不知道如何表达自己的思想。有些孩子呢，说话慢条斯理，主谓宾一个也不缺，总是能把意思表达得顺畅通达。语言表达能力差的孩子，连表达自己的想法都很费劲，而语言表达能力强的孩子，甚至已经可以讲述完整的小故事了。这是为什么呢？按理来说，孩子们在同一个年龄段进入幼儿园，在幼儿园里接受的教育也都是一样的。作为最基本的交流能力，语言能力为何相差悬殊呢？究其原因，是家庭教育导致的。从婴儿呱呱坠地的那天开始，父母就开始和他交流。甚至是当胎儿还在母体中时，就已经展开了交流，也就是所谓的胎教。在和孩子交流的时候，父母是怎样的语言习惯，往往影响孩子日后形成语言习惯。例如，当一岁左右的孩子开始会说两三个字，如果父母也学着他的样子，说"杯杯""果果""饭饭"，那么孩子的语言发展进程就会受到影响，因为父母的语言水平只是接近他。教育学家说，当孩子处于牙牙学语的阶段时，父母一定要以正常的语调去表达，这样才能促进孩子的语言发展。

孩子进入幼儿阶段，同时也进入语言发展的黄金时期，父母语言的表达方式对孩子的影响力更加显现出来。在这个时期，虽然有的时候孩子听不懂长长的

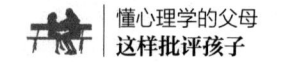

一句话，父母也一定要进行完整的表达。为了帮助孩子理解，可以把一句话分成几个小分句说，以便给孩子理解和消化的时间。当孩子习惯了这种表达方式，他们就会爱上这种清晰、准确的表达方式，自己也会养成相似的表达习惯。

乐乐和瑞瑞是幼儿园里的好朋友，乐乐上大班，瑞瑞读中班。每天幼儿园放学，妈妈都会带他们去小区广场玩耍。因此，乐乐和瑞瑞非常熟悉，他们的妈妈也常常一起聊天。有一天，乐乐妈妈突然发现瑞瑞的表达很不连贯，尤其是着急的时候，就更加断断续续。瑞瑞妈妈也发现乐乐能够表达长长的一句话，还会讲一些简短的小故事。瑞瑞妈妈羡慕地说："乐乐真好，瑞瑞只比乐乐小一岁，怎么就差别这么大呢？"乐乐妈妈说："其实，不是差一年的问题。我发现了，你的性格也是比较着急，说话短促。我觉得，孩子是受到了你的影响。"

瑞瑞妈妈不理解，乐乐妈妈继续说："你看，我发现好几次了。孩子玩了一个小时左右，你会带孩子去买菜。这个时候，你就会说'瑞瑞，走，买菜。'其实，这样的表达方式对孩子是有负面影响的。当然，这可能是因为你的急脾气导致，不过，为了对孩子好，我觉得你应该改改。"瑞瑞妈妈困惑地问："那应该怎么说呢？"乐乐妈妈说："比如说，'瑞瑞，妈妈带你一起去买菜，咱们走吧！'这样是不是更好呢？"瑞瑞妈妈不好意思地笑了，说："我没有你有文化，所以说话粗声大气的。你说得还真对呢！"就这样，瑞瑞妈妈经常和乐乐妈妈沟通，渐渐地改掉了自己的语言习惯。让她感到惊喜万分的是，随着她的改变，瑞瑞真的也改变了很多。

上述事例中，瑞瑞正是因为受到妈妈的影响，所以说话非常着急，而且都是几个字的短句。一旦形成这样的表达方式,他的思维方式也会间接受到影响。由此可见,瑞瑞妈妈改变表达方式还是很有必要的。

在日常生活中,每个人都有着急的时候。虽然在着急的时候,我们都很容易蹦出一些简短的句子,但是在和孩子交流的时候,一定要注意进行完整的表达。只有这样,孩子语言的发展才会更加快速,也有助于他们的学习和生活。

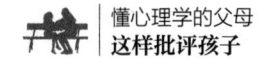

不要只顾着批评而忽略了孩子的求助信号

在养育孩子的过程中，父母常常担心孩子给自己添麻烦。因为知道养育孩子是多么烦琐的事情，所以，他们总是教育孩子不要给别人添麻烦，当然，这个别人中也包括他们自己。如此一来，孩子也许会越来越听话，从不轻易地打扰父母或者其他人。看似乖巧可爱的孩子，真的能应付自己面对的一切情况吗？答案当然是否定的。很多孩子正是抱着"不给他人添麻烦"的心理，即使遇到自己无法应对的情况，也勉强应对。诸如，孩子在做客的时候想喝水，因为不敢表达自己的需求，就尝试着自己倒水喝。那么，年幼的孩子很可能被暖水瓶里的热水烫到。再如，孩子需要得到妈妈的帮助，却因为妈妈总是对他的求助表现得不耐烦，因此他遇到问题就尝试自己处理，却导致出现意外。经过统计，每年有大量的儿童死于意外伤害，其中有相当一部分是因为不会求助。别说是对自己家里的人，即使是面对陌生人，也要教会孩子们学会求助。只有这样，他们才会更好地保护自己。很多时候，父母一句简单的"别给他人添麻烦"，就限制了孩子们勇敢地求助。

生活中，总是伴随着各种危险。面对危险的时候，要教会孩子首先诉说危险。很多父母教孩子不要随便向人求助，并且告诉孩子陌生人都充满危险。如此一来，孩子们就会因为对陌生人心怀抵触，失去最佳的求救机会。简言之，在教育孩子的过程中，父母千万不要犯教条主义的错误。现代社会各种情况千变万化，不论是孩子还是成人，都会遇到突发的危险情况。如果父母不能未雨绸缪地教会孩子如何应对危险，并且在感受到危险的时候及时求助，危险就会影响孩子的生命安全。无论如何，要教会孩子诉说。其实，生活是离不开交流和倾诉的，我们很多的感受和体验，都必须通过诉说，才能让他人知晓。在西方教育中，父母总是竭尽所能地引导孩子们倾诉自己的心理感受，而在我们的日常生活中，人们总是羞于表达自己的真实感受，这也就导致在教育孩子的时候潜移默化地影响孩子不要倾诉。这样是非常不好的。

娜娜是一名幼儿园中班的孩子，已经五岁了。今年以来，由于爸爸妈妈频繁加班，不能在每天放学的时候去接娜娜，所以他们把娜娜暂时留在幼儿园的传达室，让看门的门卫负责照看。为了表示感谢，爸爸还提出每个月给门卫两百块钱，门卫拒绝了。因为总是麻烦门卫帮忙看孩子，爸爸每到逢年过节，都会给门卫买几条好烟，聊表谢意。

前几天放学，娜娜在妈妈为她洗澡的时候，说私处很疼。妈妈以为是上火了，当即查看娜娜的私处，却惊讶地发现娜娜的私处又红又肿。妈妈当即严肃地问娜娜："娜娜，谁碰你这里了。"娜娜看到妈妈的表情那么凝重，吓得哭了起来，说："我不敢说。"妈妈急了，又问："快告诉妈妈，快点告诉妈妈！"看到妈妈表情越来越可怕，娜娜才小心地说："是门卫叔叔。"听到娜娜的话，妈妈如同五雷轰顶，当即傻了。她把这件事情告诉爸爸，并且连夜带着娜娜去医院进行检查。经过医生检查，发现娜娜私处充血严重，而且处女膜已经有轻微破裂。爸爸如同疯了一般，要去找幼儿园的门卫算账，却被闻讯赶来的亲戚拦住了。事情已经发生，只有冷静面对。当天晚上，他们就报警，让警察与幼儿园长取得了联系。对于这样的结果，包括幼儿园长在内，都万分痛心。后来，娜娜平静下来才告诉妈妈："门卫叔叔经常会摸我，还吓唬我不许告诉任何人，否则就要把我卖到大山里，让我再也见不到爸爸妈妈。"看到女儿虽然年幼无知，却承受了很多不该承重的伤痛，妈妈泪如雨下。妈妈问娜娜："你为什么不早点告诉妈妈呢？"懂事的娜娜说："妈妈，你和爸爸都很忙，我不敢给门卫叔叔添麻烦，怕他以后不管我了。那样，其他小朋友放学之后，我就没地方待了。"

可怜的娜娜才刚刚五岁，就遭遇了如此沉重的打击。现在的她还小，不知道这件事情意味着什么，希望她在成长的过程中彻底忘掉此事，开始自己快乐阳光的人生。这件事情，归根结底，是因为妈妈总是给娜娜灌输不给别人添麻烦的思想，让娜娜虽然感到痛苦，却不敢表示反抗，更不敢把发生的事情告诉爸爸妈妈。这样一个乖巧可爱的女孩，却遭遇了如此令人痛心的事情。

年轻的爸爸妈妈们，一定要教会孩子倾诉，让孩子把你当成心目中最值得信赖的倾诉对象。很多爸爸妈妈总是在孩子还没有张嘴倾诉的时候，就制止孩子表达内心深处的真实想法。久而久之，孩子们必定会因为胆怯，不再勇敢地说出自己的遭遇，甚至在遇到危险的时候也不敢求助，给自己的生命带来威胁。当然，在上述事例中，爸爸妈妈也有不可推卸的责任。首先，女孩除了亲生父亲外，不应单独和男性长时间在一起。这是养育女孩的父母必须要注意的事情。如果不是因为爸爸妈妈忙于工作，把娜娜单独交给陌生男人照顾，又怎么会发生这样的事情呢？养育孩子必须非常用心，丝毫都马虎不得，尤其是安全问题，更要作为养育中的头等大事对待。

对孩子进行教育时多用"你知道吗"

俗话说,孩子可爱的时候像天使,讨厌的时候像魔鬼。的确,就是这些小小的精灵,让我们的生命得到了延续,也让我们的生活有了意义,但与此同时,情绪不稳定、个性执拗的他们,也让我们有时候很抓狂,恨不得狠狠地揍他们一顿。每当这个时候,我们拼尽全力才能控制自己的手掌不落到他们的屁股上,嘴巴里却不由分说地蹦出很多粗暴的词语,哪怕想尽一切办法也要让他们在最短的时间内感受到威严,从而对我们言听计从。其实,真正的教育不是恐吓,也不是每天都感情用事,不知所言,而是有技巧的。在和孩子交流的时候,如果能够掌握技巧,运用聪明和智慧,就能起到事半功倍的效果,而不至于歇斯底里,口不择言。

其实,所谓的教育常用语,并没有一定的规矩。但是,有几个原则需要掌握,首先,要尊重孩子,体谅孩子,不要把孩子当成自己的私有物去支配和呵斥。例如,"孩子,不管你怎么做,爸爸都相信你一定有自己的理由。不过,你能不能把你的理由告诉爸爸,看看爸爸能不能给你提出一些有效的建议"。孩子虽小,也有自尊心,也需要被父母平等地尊重和对待。这样的话对孩子而言,能让他们瞬间消除和父母的抵触与对立心理,从内心深处接纳父母,把父母当成自己的朋友。其次,不要命令或者呵斥孩子,而应该向孩子寻求帮助。孩子虽小,也想得到被人需要的感觉。诸如,"宝贝,你可以帮助妈妈把碗筷刷洗干净吗？妈妈很累，如果你能帮帮忙就太好了"。这样的话，会让孩子兴致勃勃地放下手中正在玩的玩具，高高兴兴地帮助妈妈分担些力所能及的家务事。相反，如果用颐指气使的态度和语气命令孩子，只会激起他的逆反心理，让他心不甘情不愿。再次，和孩子说话的时候，要给予足够的赞赏。任何时候，表扬都比批评更有效。例如，"宝贝，你真棒，这次居然没有害怕迎面而来的大狗，爸爸最喜欢看到你勇敢坚强的模样"。这样的语言，远远比"你都这么大了，看到狗居然还害怕，简直胆小如鼠"效果好得多。最后，教育孩子还应该肯定他的进步，尤其是在学习上，不断的激励比持续的施加压力效果更好。例如，"孩子，你真棒，这次考试虽然只考了第16名，但是比起上次的19名进步了3名，这可是很大的进步啊，爸爸相信你一定付出了巨大的努力"。总而言之，爱、理解、尊重和信任，是任何人之间友好交往的基础，亲子关系也是如此，必须遵循这几项原则，才能让孩子对父母敞开心扉，成为忘年之交。

豆豆今年七岁了，是个一年级的新学生。进入一年级之后，豆豆的人际关系显然比幼儿园时期更加复杂了。每天，豆豆一放学就会和妈妈说学校里开心的事情。然而，今天豆豆放学之后显然情绪不对，始终愁眉苦脸，丝毫也看不出高兴。妈妈看出端倪，问豆豆："宝贝，你怎么了？为什么不高兴呢？"豆豆哭丧着脸说："妈妈，今天我和健健吵架了。"妈妈很惊讶，问："豆豆，你和健健是好朋友啊，怎么会吵架呢？"豆豆撅着小嘴，不高兴地说："他把我的奥特曼书弄坏了。"妈妈问："他肯定不是故意的，他一定和你道歉了吧？"豆豆的情绪突然爆发，大声喊道："道歉有什么用，道歉书也不能好了呀！"看到豆豆的态度，妈妈的火也一下子上来了。她气呼呼地说："你怎么这么小气啊！健健是你最好的朋友，书弄坏就坏了呗，你生什么气呀！"

听到妈妈这么说，豆豆委屈得大哭起来。

　　看到豆豆伤心的样子，妈妈意识到自己的情绪有些失控。对于这么小的孩子来说，他只能知道什么是自己喜欢的，而无法区分友谊才是最重要的吧！冷静一会儿之后，妈妈又改变方式，柔声细语地和豆豆说："豆豆，妈妈知道你最喜欢那本奥特曼书了。书坏了，你一定很伤心吧。"豆豆含着眼泪，点了点头。妈妈继续说道："不过，妈妈想告诉你的是，朋友是最重要的。我想，健健弄坏奥特曼书肯定不是故意的。你可以想一想，假如你不小心把健健的书弄坏了，虽然你道歉了，但是健健却不肯原谅你。你会不会很伤心呢？"豆豆陷入沉思之中，似乎在想如果自己是健健，会做何感想。想了一会儿之后，他抬起头看着妈妈，说："妈妈，我明白了。奥特曼书只要用透明胶带粘一粘，就还能看。但是健健如果伤心了，我就没有朋友了。"看到豆豆想明白了其中的道理，妈妈高兴地亲了亲他，说："豆豆真棒。妈妈相信，豆豆肯定知道书和朋友哪个更重要。"

　　亲子教育，必须爸爸妈妈都很用心。很多时候，孩子倔脾气上来了，就怎么也拉不回来。在这种情况下，爸爸妈妈一定要控制好自己的情绪，平静舒缓地引导孩子学会正确地思考。就像事例中的豆豆妈妈，如果不是及时意识到自己的情绪失控，改变了自己的教育方式，以柔声细语引导豆豆，那么非但豆豆无法意识到错误，亲子关系也会剑拔弩张，最终得不偿失。

　　孩子的心思非常简单，就像是纯洁的白布，染于苍则苍，染于黄则黄。面对他们，爸爸妈妈们一定要控制好情绪，给予他足够的尊重、理解、耐心和爱，这样才能让孩子从内心深处想明白其中的道理，也能够使亲子关系更加融洽。

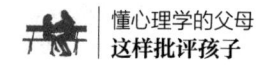

别忙着斥责孩子的要求,先教会孩子"冷冻"欲望

在牙牙学语的婴幼儿时期,孩子们并不会主动索取。他们在父母的安排下生活和成长,吃什么喝什么玩什么,全权由父母说了算。然而,随着年岁渐渐增长,在两岁之后,孩子们开始拥有自己的主见。他们有了自己的喜好,对于喜欢吃的东西会主动索取,对于不喜欢吃的东西会表示拒绝。当到了三四岁的时候,他们开始对玩具表现出狂热的兴趣,开始向父母要求买玩具,买各种各样的美味食物。到了六七岁的时候,孩子最喜欢去的地方就是游乐场,因为在那里他们玩得很开心。总而言之,孩子们的欲望随着年岁的增长越来越多,越来越强。面对孩子们的要求,很多父母都头疼不已。因为孩子对任何事物的新鲜感都只能保持短暂的时间,有的时候,他们对于特别心仪的玩具买回来也只能玩几天,对于不怎么感兴趣的玩具,则只能玩几个小时。新鲜感过后,他们马上就会开始央求父母买新的玩具。对于这样永无休止的欲望,父母不但要承担一定的经济压力,家里也快变成了玩具商店,摆满了孩子玩过的玩具。

如何才能教会孩子控制欲望呢?如何拒绝孩子的不合理要求呢?很多父母面对孩子的无理要求,只会生硬地说"不"。当孩子撒娇打滚的时候,如果父母耐得住性子,就任由孩子哭闹,而丝毫不为所动;如果心肠太软,做不到坚定不移地拒绝孩子,就会在孩子的眼泪和央求下缴械投降,把之前的决心全都抛诸脑后，顺应孩子的要求。如此一来，非但不能有效制止孩子哭闹和降低欲望，反而会使孩子变本加厉，因为孩子虽然年纪小，实际上非常"聪明"，很快就会发现他们的哭闹是父母的软肋，由此更加要挟父母答应他们的请求。这样一来，无疑是陷入了恶性循环之中，孩子只会看着父母的脸色提出更过分的要求。天下玩具何其多，永远也买不完，这可怎么办呢？其实，要想教会孩子控制欲望，就要给孩子定下规矩，让他们学会"冷冻"欲望。只有这么做，孩子们才会在想要买玩具的时候进行取舍，选择自己经过深思熟虑最喜欢的玩具购买。这样做，不但能够有效减少购买玩具的数量，还能让孩子长大之后学会取舍，对孩子的一生都是有好处的。

小鱼是个很可爱的孩子，乖巧懂事，也很有礼貌。唯一让爸爸妈妈头疼的是，他总是提出各种各样的要求，让爸爸妈妈满足他。尤其是对于玩具，几乎每隔几天都会买，买完之后玩几天就扔在一边，再买新的。随着年纪的增长，小鱼喜欢的玩具也越来越贵。因此，爸爸妈妈决定拒绝他的一切请求。每当小鱼说要买玩具的时候，爸爸妈妈都简单粗暴地说："不行！"相比较之前的有求必应，听到爸爸妈妈现在冷冰冰且毫无妥协余地的回答，小鱼不停地大哭大叫。无奈之下，他去央求爷爷奶奶给他买。渐渐地，爷爷奶奶也认为不应该无限制地纵容小鱼。思来想去，全家人想出了一个好办法。

他们召开了一次家庭会议，第一次参加家庭会议的小鱼还挺新鲜的，听得非常认真。在会议上，全家人一致举手表决：小鱼已经长大了，以后每年只能六一儿童节、生日和春节，购买三次礼物。听到一年能买三次礼物，虽然次数有点儿少，小鱼还是答应了。然而，没过多久，他就犯了买玩具的瘾，死活缠着爸爸妈妈要买玩具。爸爸拿出了小鱼在家庭会议上亲自签名的决议，小鱼只好伤心地躲进房间哭了起来。这时，爸爸又说："小鱼，爸爸教你个方法吧。爸爸小时候就用这个方法，才买到了最心仪的玩具。"小鱼含泪问道："什么方法？"爸爸说："你知道吗，每个人心里都有一个冷冻室，用以冰冻那些暂时无法满足的愿望。例如，你现在就可以把你想买玩具的愿望冷冻起来。你是不是经常买了玩具又后悔，觉得并没有想象得那么好玩？"小鱼点点头。爸爸继续说："把愿望冷冻起来还有一个好处，也许你过段时间会改变主意想买其他玩具，这样一来，你还有选择的机会啊！你想，再过两个月就是你的生日了，在这段时间里，如果你把所有的愿望都冷冻起来，等到生日的时候，就可以选择买自己最想要的玩具，这样你就不会后悔了！"爸爸的建议让小鱼觉得很高兴。他兴奋地说："嗯，这是个好办法啊！这样，我就不会买完玩具再后悔了，我就能买到最喜欢的玩具了！"从此之后，小鱼有了愿望就将其冷冻起来。果不其然，他过生日的时候根本没有买之前选中的玩具，而是买了一款自己最喜欢的玩具。

爸爸交给小鱼的办法，就是冷却处理法，也叫愿望冷冻法。这个办法的好处在于，无须简单粗暴地拒绝孩子，而是给孩子心里留有希望，毕竟再过一段时间就可以实现愿望了。此外，孩子的想法是一时一变的，他现在觉得很喜欢的玩具也许过段时间就不想要了。这个办法还可以提高购买玩具的质量，让孩子有足够的时间思考自己到底想得到什么玩具。如此一举数得的方法，何乐而不为呢？

第03章

责任教育，
鼓励犯错的孩子对自己的错误负责

父母在教育问题上要保持态度一致

父母对孩子的教育方式不统一,容易对孩子的心理发展产生极为不利的影响。若父母双方没有形成统一的教育方式,就会使二人的教育同时被弱化,这样会让孩子感到无所适从,也会混乱孩子对是非的判断标准。孩子小时候不知道该听谁的,长大后却可能谁的都不听了,他已经厌倦了那种不同教育思想的争执。这样的孩子做事时往往会患得患失、犹豫不决。

另外,父母教育方式不一致,还极有可能让孩子形成一些不良的行为习惯,因为有可能父母二人的教育方式都是有所欠缺的,如溺爱与棍棒教育。孩子面对不同的教育,很可能沾染一些不良的行为习惯,继而影响他一生。

妈妈在学习上很注意引导孩子,从小就教导孩子要知礼仪。在老师的建议下,孩子很小就学了《三字经》《弟子规》等经典篇目,是个出了名的乖孩子,无论做事还是说话,都透露着大人的影子。在老师和同学眼里,他也绝对算是一个既聪明懂事又会学习的好孩子。

可是,爸爸并不同意妈妈的这一教育方式,他据理力争:"这样做事墨守成规是不可取的,应该培养孩子创新的能力。"于是,爸爸鼓励孩子要多坚持自己的想法,千万不能随波逐流,要有创新精神,即使被老师批评了也没有关系。爸爸和妈妈的教育思想产生了冲突,两个人经常争论,有时候还

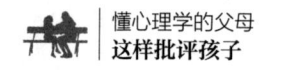

会发生争吵。

心理学家认为，在家庭里，教育孩子是父母共同的责任，但是，在教育孩子的问题上，许多父母之间存在着分歧，经常会出现种种矛盾，而这种情况会影响父母在孩子心中的形象。父母之间如果存在着教育分歧，并常常把这样的分歧暴露在孩子面前，就很容易损伤父母的权威性，继而影响父母的教育效果。

1. 让孩子自己选择

当父母的教育思想不一致的时候，可以听听孩子的感受，让孩子作出选择。当然，让孩子自己选择，并不是把矛盾推给孩子，而是通过孩子的选择来避免教育的分歧。另外，让孩子选择，有利于教育方法能够成功地在孩子身上实施，因为不管你的教育思想有多先进，教育唯一的目的就是让孩子能够接受。一些教育方法在孩子身上是没有效果的，而且孩子的个性特点各不相同，他们所适合的教育方式就有所差别。这里并不是说孩子的选择一定是正确的，而是建议父母尽可能地从孩子的角度出发，协商出适合孩子特点、利于孩子健康成长的教育方式。

2. 多涉猎一些教育学方面的知识

教育孩子是一门学问，对孩子的教育是父母共同的责任。而孩子身心的健康成长需要以和谐的家庭教育为基础，不能光靠父亲或母亲一方的教育，而是需要父母二人的共同努力。父母在教育孩子的时候，态度要统一，口径要一致，多沟通商量，对一些不懂的地方，要善于向有关教育专家请教，或者学习一些儿童心理学、教育学和生理学方面的知识。父母在教育孩子的过程中，之所以会出现那么多的问题，重要原因之一就是缺乏科学的认识。所以，父母要想教育好孩子，就要学一些科学的知识，懂得科学的教育方法。

3.父母要形成"统一战线"

在日常生活中，父母在孩子的教育上会有分歧，这时候，双方都认为自己教育孩子的方法是对的，而对方那种教育方法是错误的，从这种"自以为是"的心理出发，每次在需要教育孩子的时候，父母常常会因为看不惯对方的做法而与对方产生争执。这样，就会让孩子在观念上产生混乱，是非价值判断混乱，不明白自己到底该怎么做。而且，父母的教育思想若长期不一致，双方就会互相指责，继而发生争吵，这样会影响两人之间的感情，也给孩子的内心带来不良的影响。所以，父母要统一教育思想，通过协商的方式来沟通，尽量使彼此的意见达成一致。

4.切忌当着孩子的面为教育分歧而争吵

父母对孩子的教育意见不一致的时候，不要当着孩子的面批评另一方，否则会让对方感觉丢面子，容易发生争吵，而且被批评的那一方在孩子心中的形象会受影响，其教育力度也会减弱。这时候，父母双方都要学会克制自己的情绪，先避开孩子，两人协商出一个最好的解决办法。若在教育孩子的过程中，父母由于教育方法不当而伤害了孩子，应当及时向孩子真诚地道歉。

先自我批评，再批评孩子

著名心理学家罗达说过，"当父母错了或违背了自己许下的诺言时，如果能向孩子真诚地说一声对不起，可以帮助孩子建立自尊，同时能培养孩子尊重人的好习惯。"俗话说，人非圣贤，孰能无过？知错能改，善莫大焉。父母毕竟只是普通人，在日常生活中，难免有时候会误解孩子，甚至伤害孩子。

其实，父母做错了事情不要紧，重要的是，一旦发现自己做错了，就要敢于向孩子承认错误并真诚地道歉。但在实际生活中，许多父母都没有在孩子面前认错的习惯，有的父母非但不会认错，反而会无理地斥责孩子，以批评孩子的方式来掩盖自己的错误，这样的做法是极为不妥当的。既然是父母做错了，就要敢于认错，并向孩子真诚地道歉。

豆豆是班里出了名的小书法家，一手粉笔字写得特别好。一天，他帮助老师出黑板报，由于赶着完成任务，他忘记了打电话回家，妈妈也不知道这件事，在家里等得十分着急。正要出门寻找时，孩子回来了，妈妈上前就是一顿指责，孩子也很生气，他说："我在学校帮老师出黑板报，又没有出去玩。"妈妈立刻意识到误会豆豆了，急忙说："孩子，对不起，妈妈不该不分青红皂白地指责你。"豆豆笑着开玩笑说："妈妈，我很宽宏大量的，这次原谅你啦。"这句话把旁边的爸爸都逗乐了。

每个人都不可避免地会犯一些错误，其实，父母犯错并不可怕，可怕的是用一个错误来掩饰自己所犯下的错误，不断地掩饰，最后成为了孩子的反面教材。如果父母真的做错了，就要真诚地向孩子说"对不起"。父母勇于向孩子承认错误，就是用行动告诉孩子，知错就改才是优秀的品德。孩子从父母身上学会了这些，就会以相同的态度来对待身边的人，从而奠定他良好的品质。

1. 真诚地向孩子道歉

父母如果真的做错了，就要给孩子真诚地道歉。如果愿意向孩子说声"对不起"，那么，不仅不会降低父母的身份，反而会提高父母在孩子心中的形象。家庭是孩子人格形成的最重要的场所，良好的家庭环境，特别是父母以身作则的正面行为，能给孩子起到一个良好的示范作用。父母犯错了，就必须向孩子说明这件事做错的原因、自己为什么做错了，这也是一种间接教育的方法。

父母应该以真诚的态度给孩子道歉，而不能为自己的错误找借口，否则会让孩子觉得很失望。时间长了，如果孩子犯错了，他也会为自己的错误找借口。所以，父母犯了错，就要以真诚的态度向孩子道歉。父母向孩子道歉的时候，态度要诚恳，对任何一个错误，都不应该漫不经心。坦率地承认自己的错误，可以博得孩子的信任。

2. 及时道歉

有的父母明明知道自己错了，但是迟迟不肯向孩子道歉，企图以时间的拖延模糊自己的错误行为。其实，父母犯错是难以避免的，而犯错了必然会伤害到孩子和家人，还可能会让孩子产生怨恨，所以，父母既然做错了事情，就应及时地给孩子道歉，否则给孩子带来的伤害可能难以弥补。这样能获得孩子的原谅，才能及时补救孩子的信任和友爱。

3. 认错要落实在实际行动上

父母当着孩子的面认错道歉，这并不是表面功夫，还需要落实到实际行动上。如果父母在认错之后遇到了同样的问题还是不会改变，这种行为就会伤害孩子，甚至比不道歉还伤害孩子的心。所以，父母自己说了就一定要做到，不能再犯相同或类似的错误，以实际行动告诉孩子，自己已经主动改正了错误。

言传身教,做孩子最好的榜样

抱怨是每个人都会做的事情,大家也都觉得很正常。但事实上,无论你遭遇了多么糟糕的事情,遇到了困难或者是对自己不满,抱怨都不是明智之举,它会助长你的不满情绪,还会把这样一种消极情绪传递给对方。

许多父母都喜欢抱怨,抱怨单位里的事情,抱怨自己不公平的待遇,甚至在孩子面前抱怨家人,这无论是对孩子,还是对父母本身都是极为不利的。所以,父母要避免在孩子面前抱怨,以免把消极情绪传递给孩子,影响孩子的行为。

妈妈去接孩子放学,见他一脸的不高兴,一问之下,才知道他前几天考试的成绩下来了,这次没有考好,退步了很多。妈妈让孩子找找原因,他想了半天,说了一大堆理由:旁边的同学在上课时老讲话,打扰他听讲;这次考试题太难了,许多同学都这么说;老师生病了,有几节课直接让我们上自习。妈妈见孩子就是不说自己的原因,忍不住问他:"你怎么不从你自己身上找原因呢?"孩子却把小脖子一梗,理直气壮地说:"我不觉得自己有什么问题。"孩子的态度让妈妈很困惑,也不知道怎么来说服他了。

晚上回到家,妈妈把孩子的表现跟爸爸谈了一下,爸爸开玩笑说了一句:"不是跟你学的嘛,总是喜欢抱怨。"爸爸的话一下子提醒了妈妈,前段时间,妈妈在单位遇到一些不愉快的事情,她脾气变得很坏,每天回家后,常

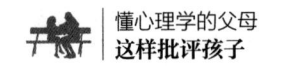

常当着孩子的面跟爸爸抱怨不停。有时候,爸爸劝她想开点,她还会发脾气。

抱怨是一种消极的心态,那些喜欢抱怨的人并没有认真思考现实,他们不去为改变而做积极的行动,而是一味怨天尤人。其实,如果现实并不能改变,那么抱怨比忍受更会增加我们的痛苦,而父母当着孩子的面抱怨,也意味着将自己的弱点展示给孩子,这并不是强者的行为。在孩子面前,父母应该积极做好优秀的表率,遇到了困难与挫折,要学会积极思考,寻找解决办法,为孩子树立良好的榜样。否则,孩子也会养成遇事抱怨的坏习惯。

1. 父母之间需要互相尊重

有的父母喜欢在孩子面前互相抱怨,在孩子面前发泄自己对对方的不满,如"你爸爸真懒,什么事情都不干""你妈妈整天啰嗦,烦死人了",他们想得到孩子更多的尊重,或者让孩子做自己的同盟军。其实,这样的做法会让孩子无所适从,同时也会降低父母在孩子心中的威信,影响孩子对父母的感情。父母在孩子面前,也要体现出互相尊重,即使有什么不满,也尽量不要在孩子面前流露,更不要在孩子面前抱怨对方。

2. 要把积极的情绪带给孩子

有时候,父母也有烦闷的事情,也会为一些无法改变的现实而烦躁。比如,全家人打算周末去公园玩,但爸爸临时接到了上司的电话要加班,这时候,爸爸在无法改变现实的时候,也要把积极的情绪状态传达给孩子,"公司有很多叔叔等着爸爸去工作,否则他们也没有办法休息了"。这样,孩子会明白爸爸是能干的,也是负责任的。如果爸爸在孩子面前抱怨,"该死的工作,害我不能和你们一起出去玩了",孩子就会感受到爸爸那种无可奈何的情绪,继而在心中留下阴影。

3. 为孩子树立良好的榜样

面对无法改变的现实，父母不要把抱怨传递给孩子，也不要让孩子陷入抱怨的消极状态。父母要为孩子营造出良好的家庭环境，让孩子生活在没有抱怨的环境中。遇到了不开心、不顺心的事情，父母需要做的是努力寻找解决方法，积极面对现实，解决问题，为孩子树立良好的榜样。因为抱怨并不是明智的选择，聪明的父母不会在孩子面前抱怨，他们会努力让孩子以积极的心态去面对生活。

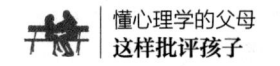

引导孩子自我反省，认识自己的错误

海涅曾经说："反省是一面镜子，它能将我们的错误清清楚楚地照出来，让我们认真地思考自己的行为，并给我们改正的机会。"自我反省就是常常冷静地思考自己的言行，寻找自己所作所为中存在的不足和错误。一个人会不断地取得进步，就是因为他能够不断地自我反省，善于认识到自己的缺点和不足，并及时采取措施进行弥补。

自我反省是一种良好的行为习惯，也是每一个处在成长期的孩子所需要具备的一种良好习惯。如果一个孩子不懂得自我反省，他就会一次又一次地重复相同的错误，在原地踏步，难以取得进步。相反，如果孩子懂得了自我反省，他就会认真思考自己身上的不足，会更加注意下次绝对不犯同样或类似的错误。

爱默生曾说："人类唯一的责任就是对自己真实，自省不仅不会使他孤立，反而会带领他进入一个伟大的领域。"小孩子总是习惯性地为自己找借口，害怕承认自己的错误，这时候就需要父母有意识地培养孩子养成良好的自我反省的习惯，鼓励孩子对自己的行为进行反思，看看自己的所作所为是否违背了社会规范、是否存在着种种不足。自我反省的习惯对于孩子一生的发展都有着积极的意义，所以，父母应该在家庭教育中有意识地鼓励孩子作自我反省。

1. 父母勇于自我反省，做好榜样

孩子有着一定的模仿能力，父母的言行也会成为他们模仿的对象。在日常生活中，父母要做好榜样，即便是父母犯了错误，也要进行自我反省，这样会给孩子树立良好的榜样，有利于培养孩子优秀的自我反省能力。有的父母认为自己毕竟是大人，做错了事情羞于认错，而且认为在孩子面前认错是难为情的事情。实则不然，父母做错了也要敢于承认，及时进行自我反省，特别是在孩子面前，这样才能积极地影响孩子。比如，有时父母也会误会孩子，这时候，不要试图在孩子面前敷衍了事，而应该真诚地向孩子道歉。

2. 理智对待孩子的错误

当孩子犯了错之后，父母不要对孩子横加指责，而应该允许孩子作出解释；当父母了解事情的真相后，再平静地指出孩子的错误、引导孩子进行自我反省即可。这样可以激发孩子想纠正错误的心理，在以后的生活中，孩子就会少犯或者不犯类似的错误。有的父母在孩子犯了错误后，往往会耐不住性子，对孩子不是打就是骂，实际上这样很不利于孩子自我反省能力的提高。父母千万不要一上来就斥责、恐吓孩子，不要对孩子的错误横加指责，否则只会让自己的暴躁脾气扼杀了孩子的自我反省能力。父母只有冷静、理智地对待孩子的错误，才有利于孩子养成自我反省的习惯。

3. 让孩子学会接受批评

虽然在很多时候我们都提倡鼓励教育，总是说"好孩子是夸出来的"，但一味鼓励与夸奖是无法培养出好孩子来的。另外，如果孩子经常得到表扬，时间长了，他就很难接受别人的批评了。因而，批评与赞赏一样，也是父母需要学会的教育方式。当然，无论是赞赏还是批评都应是适当的，父母不要大声斥责，只需要让孩子知道自己错在哪里就可以了。父母要正面引导孩子坦然接受别人的批评，以"有则改之，无则加勉"的心态来接受批评。

4.培养孩子每天反思的良好习惯

曾子曰："吾日三省吾身：为人谋而不忠乎？与朋友交而不信乎？传不习乎？"父母可以引导孩子每天都反思一下自己的所作所为，总结一下自己的行为表现，想想自己有哪些是做得不对的，哪些是需要改进的，且应该怎样改正和挽回那些错误。让孩子养成这样一种习惯，时间长了，孩子就不会犯同样或类似的错误，也就能够分辨是非对错了。

广开言路,允许孩子给父母提意见

在孩子面前,父母不应太过专制,不允许孩子提意见;相反,父母应该欢迎孩子向自己提出意见,无论意见中肯与否,父母都要认真考虑,尽量给孩子最满意的答复。一直以来,亲子关系之间的代沟就是因为缺乏沟通而产生的。孩子在小时候,心里有什么事情总会向父母诉说,父母也可以及时了解孩子的想法,此时亲子之间的沟通是非常融洽的。不过,随着孩子年龄的增长,孩子很容易向父母封闭自己的心灵,有什么话也不说,作什么决定也不与父母商量。面对这样的情况,父母越来越担心,担心再也无法与孩子进行融洽的沟通。为此,当父母在对孩子进行批评时,需要耐心听取孩子的意见。

晚上吃饭的时候,妈妈突然问道:"孩子,你是不是报名参加了年级的书法大赛?"孩子放下碗筷,说道:"其实,也不是我故意瞒着你们的,而是你们总是这不准那不准,而且,一唠叨就是几个小时,我都听腻了。我不告诉你们的原因就是不想听你们那些乱七八糟的意见,你们不知道,自然不会说我什么了。"爸爸笑了:"哟,还给我们提意见了?爸妈经常唠叨是不太对,但很多时候也是为你好,你还是要听进去的。"孩子回答说:"是啊,你不常说我们家是民主的家庭吗,我当然可以给你们提意见了。妈妈啊,什么都好,就是喜欢唠叨;爸爸呢,什么都好,就是总喜欢教训人,你可以像朋友一样跟我

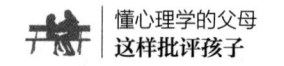

说话,这样的话,我和你们什么代沟都消除了。"

爸妈被孩子当桌提意见,脸上有点挂不住,但还是接受了。爸爸笑着说:"这才对嘛,你提的那些意见,我和你妈妈都接受,我们会注意这个问题的,但是爸爸妈妈和你说的那些,也希望你记在心里。以后有什么对我和你妈妈不满意的,你都可以说出来,咱们是宰相肚里能撑船,你有什么话尽管说。""真的吗?"孩子问,爸爸妈妈都点了点头。

心理学家安格利卡法斯博士认为:"隔代人之间的争辩,对于下一代来说,是走上成人之路的重要一步。"允许孩子适当争辩,是帮助孩子摆脱无方向状态的一个途径,可以使他们知道自己的能力和界限在何处。同时,争执可以让孩子变得自信和独立,在对抗中,他们感觉自己受到重视,知道怎样才能贯彻自己的意志。争执也表示孩子正在走自己的路,他们也能够注意到,父母并非总是正确的。

孩子的争辩和意见为父母提供了一面镜子。父母通过听取孩子的意见,可以检验自己的教育方法是否得当、说法是否在理。明智的父母不会把自己的意志简单地强加在孩子身上,而是为孩子创造一个宽松、平等的交流氛围。而在与孩子争辩的过程中,父母应循循善诱、以理服人,不要简单地把孩子的争辩看作对自己的不敬。

1. 做孩子的朋友

孩子随着年龄的增长,心中会有一些莫名的烦恼,这些烦恼无处诉说。这时父母要做孩子的朋友,愿意与孩子分担你在成长期的烦恼与快乐。当然,朋友之间是可以互相提意见的,如果孩子认为父母在某些方面做得不恰当、让自己感到不舒服,父母就要鼓励孩子坦白地告诉自己,让父母能够明白他心中所想，进而达到和谐沟通的目的。

2. 倾听孩子的心声

通过与孩子的交流，父母发现原来孩子不喜欢妈妈唠叨，不喜欢父母总以教训的口吻跟他说话。但仅仅是这些吗？父母应该听到孩子更多的心声：父母是否给的压力太大？父母是否管得太多？关于这些问题，父母应知道在孩子心里究竟是怎么想的。

3. 制订一定的规则

当然，孩子争辩是应该遵循规则的，也就是说，不允许孩子胡搅蛮缠、随心所欲，而是要在讲道理的基础上进行争辩。假如孩子违反了争辩的规则，父母自然应该加以制止。当然，父母是规则的制订者，因此在制订规则时要从实际出发，合乎孩子的情况，合乎一般的道理，否则，这样的争辩就是不合理的。

4. 给孩子说话的权利

对于许多父母而言，给孩子说话的权利并不能轻易做到。父母在教育子女的时候，往往是只能我说你听，哪里容得孩子争辩？所以，在给孩子争辩的权利时，需要父母克服自以为是、唯我是从、只准说是、不准说"不"的单向说教思维定式，而采取尊重孩子、鼓励争辩、勇于认错、善于双方交流的思维方式。

5. 事后反思

假如孩子因叛逆而毫无理由地争辩，父母事后可以反思，想想到底是自己没有尊重孩子的意愿，还是孩子确实是在胡搅蛮缠。假如是前者，父母需要反思自己，是否真的尊重了孩子；假如是后者，父母可以仔细观察孩子做出这种行为背后的真实心理，了解之后采取相应的教育措施。

第 04 章

善于批评，
批评的根本目的在于让孩子改正和自我完善

找到批评的正确方法，提升孩子的自制力

孩子在成长过程中，本身是极其缺乏自控力的，他们稍不注意就会做出一些比较出格的行为，如抢东西、生气时打人，这时合适的批评是必要的。

现在，大多数孩子都是独生子女，被父母视为"掌上明珠""小皇帝"，父母的过分宠爱对孩子的身心发展会形成一种消极影响。尤其是助长了孩子的不良习惯，使孩子自我控制的意识薄弱，许多孩子都存在着懒惰、打人等不良习惯，为此必须引起每一位父母的重视。

瑞瑞五岁了，上幼儿园中班，妈妈发现她最近脾气很大，只要不高兴或者自己的要求没有被满足，就会动手打人。老师常常跟妈妈反映，瑞瑞在幼儿园行为比较随意，大家一起正上着活动课呢，她竟然任性地去推一下前面的小朋友。到了下课，便会跟小朋友抢玩具，只要是她喜欢的玩具，就一定要抢过来。如果对方力气比较大，她还会趁对方不注意就打人或咬人。放学回家后，妈妈若问起来："你为什么要打别的小朋友呢？"她总会满脸不在乎地回答说："我就是要打他。"妈妈听了哭笑不得。平时孩子跟大人一起时也喜欢动手打人，妈妈当场批评了她，她听得懂，也承认错误。不过，过不了多久就会忘记了。看见孩子喜欢打人，妈妈感到十分苦恼。

孩子喜欢打人，实际上是在用这种攻击行为来表达自己的愿望或感情，有些父母认为孩子小、不懂事，长大了自然会改正。其实这样的看法是有偏差的。父母需要正确对待孩子的攻击性行为，正确批评并引导，才能让孩子渐渐改掉这个坏习惯。

1. 引导孩子养成良好的行为方式

父母可以以身作则，与长辈、邻居、朋友保持友好的关系，告诉孩子人与人之间需要协作而不是敌意。比如，要想让其他小朋友喜欢自己，就要友好、团结，这样才能赢得大家的青睐。

2. 温和而坚定地引导孩子

当孩子不够自控的时候，父母应该有正确的态度，温和而坚定地引导孩子，告诉孩子这是不对的，是不允许的。温和地告诉孩子这些道理，但要明确指出错误，孩子就会知道为什么不对，就会慢慢控制自己。

3. 让孩子变成内心强大的人

比如，孩子喜欢打人，父母应该让孩子知道，除了打人，还有其他的表达方式，或者好好说话，或者用良好的行为，就可以解决了。一旦孩子懂得这些道理，自然就不会再选择攻击的方式去交流。在这个过程中，让孩子慢慢成长，一旦发现孩子细微的进步，应及时表扬，让孩子感受到爱，从而强大内心。

从小纠正孩子的性格弱点

父母的批评可以有效地帮助孩子纠正性格上的弱点,尤其是对于年纪稍小的孩子,一旦父母发现孩子的性格弱点,就要及时纠正。虽说"江山易改本性难移",但对于年龄偏小的孩子来说,他们的性格还没有完全成型,越早纠正越有利于他们完善自我。纠正性格的弱点是一个长期反复的过程,需要父母的耐心和狠心。

有些孩子性格懦弱,胆小怕事。对此,心理学家认为:孩子的胆怯心理是多方面造成的。首先是孩子的生活圈子太小,有的孩子平时只生活在自己的小家庭里,尤其是由爷爷奶奶照看的孩子,很少出去玩,很少接触外人,他们的依赖性较强,无法独立地适应环境。其次就是父母喜欢吓唬孩子,有的孩子在家里不听话,当他哭闹或挖泥土玩时,父母就用孩子害怕的语言吓唬他,如"再哭就把你扔在外面让老虎吃了你""泥土里有虫子咬你的手"。如此恐吓孩子,会让孩子失去安全感,从而形成胆小怯懦的性格。此外,父母在日常生活中对孩子有过多的限制,如不让孩子独自在小公园玩耍,不让孩子去爬山,不让孩子去湖边玩,造成孩子不敢从尝试与实践中获得知识、取得经验,以致形成胆怯的性格。

孩子的一些性格弱点需要父母加以引导,该批评时需要适当批评,这样才有助于孩子克制自身弱点,从而不断完善自我,为未来的生活事业奠定坚

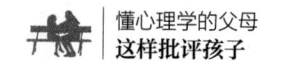

实的基础。

有些自负的孩子往往看不到自己身上的缺点，却总抓住别人的缺点不放。他们无限放大自己的优点，以至于忽略了自身的缺点。可以说，自负是以超越真实自我为基础的一种自傲态度，是一种不良个性的具体表现。自负的孩子常常过于相信自己，因而产生任性的行为。当然，这些孩子往往难以和同龄人友好地相处，因为他们不能做到平等待人，总是以高人一等的态度对待人，甚至喜欢指挥别人。他们大多情绪不稳定，当人们不理睬他们时，就会感到沮丧；当他们遭遇失败和挫折时，又会从骄傲走向悲观、自卑和自暴自弃，否定自己，觉得自己什么都不如别人。

孩子各种各样的性格构成了异彩纷呈的性格世界，虽说世界上没有任何事物是绝对完美的，人的性格也是如此，每个人都存在或多或少的性格缺陷，但是，如果孩子可以在成长的过程中克制弱点，避开它们，这些缺陷就能得以慢慢完善。年纪尚幼的孩子，需要父母引导其了解性格缺陷，并帮助他们加以纠正，这样才有助于孩子的身心健康。假如父母明明知道孩子的性格缺陷却放任不管，那么孩子未来在生活学习中就会因性格而遭受一些挫折。

1. 改变对孩子的评价方式

父母要慢慢改变对孩子的评价方式，对孩子的评价应实际客观。孩子身上总会有不足的地方，父母不要因为溺爱孩子就不切实际地吹捧孩子，尤其是不要在客人面前没完没了地表扬孩子，否则很容易让孩子形成自负心理。

2. 适当表扬，适当批评

当孩子成功地完成一件事后，要让他知道这是成长的必经之路，尽可能不在众人面前夸奖他。当别人夸奖自己的孩子时，父母应转移话题。父母对孩子的表扬应适当，对孩子的批评也要恰如其分，既不能以偏概全，也不能视而不见，而应客观地指出孩子的不足之处，这样才可以帮助孩子正确地认识自己。

3. 避免特殊待遇

父母要尽量少给孩子特殊待遇，减少他表现的机会。在家庭中，父母要把孩子当作普通的一员，不要让他成为中心人物。家里来了客人，除正常的礼节之外，无须让孩子过多地表现自己，更不要在客人面前大肆夸赞自己的孩子。

4. 改变自己的教育观念

孩子身上的缺点大部分是由于父母的教育方式不当所引起的，不管是孩子的自理能力差，还是孩子的意志软弱、自负心理严重，很可能是父母溺爱孩子所导致的。因此，心理学家建议父母一定要理智地爱孩子、科学地教育孩子。

5. 让孩子多接触社会

父母要给孩子多一些接触社会的机会，当他们看到外面纷繁复杂的世界，接触到比自己更优秀、更具专长的人，明白"一山还有一山高"的道理后，就不会因为自己的一点小成绩而自负了。所以，父母可以多带孩子出去走走，看看外面精彩的世界，开阔视野。

6. 对孩子进行挫折训练

父母可以有意识地对孩子进行挫折训练，让其获得失败的经验。父母可以交给他一些较难的事情去做，当他没能完成任务时，要帮助他分析原因，使他看到自己的不足。父母还可以和孩子一起玩竞赛性游戏，如智力竞赛等。在这些活动中，要让孩子有输有赢。当孩子失败时，需要教他学会调节自己不愉快的情绪，能接受失败的考验。

7. 鼓励孩子多参加活动

父母应有意识地为孩子创造外出活动和与他人交往的机会，尤其是由爷爷奶奶或外公外婆代养的孩子，更需要从家庭的小圈子里解放出来，经常到公园和其他公共场所，接触、认识、熟悉更广阔的世界。父母可以带孩子去走访亲友，或去外地旅行，开阔他们的视野，并让孩子和小伙伴们在一起游戏，和大家一起参加活动、一起结伴买东西等，从而锻炼孩子的胆量。

8. 帮助孩子改变胆怯心理

孩子胆怯大部分是后天形成的结果，父母要端正思想，按照孩子的年龄和实际情况，给予积极的引导，帮助孩子丢掉"怕"字，同时告诉孩子，胆小的孩子是什么事情都做不好的，让孩子改正胆小怕事的思维习惯。对于孩子存在的胆怯心理，可以进行锻炼和诱导，如孩子怕生人，当有客人来临时，应让孩子与客人接触，并鼓励他在客人面前讲话。这样一回生二回熟，就能慢慢改变孩子的胆怯心理。

9. 交给孩子一些任务

父母可以有目的地交给孩子一些易于完成的任务，限时间完成。比如，假期可以让孩子独立坐公交车去朋友家或跟旅行团旅游，在这个过程中让孩子去锻炼、去克服困难；同时父母要给予鼓励、指导和帮助。当孩子完成任务时，父母应进行表扬，帮助孩子树立信心。

孩子犯错，家长要及时纠正

有些父母觉得自己家孩子最棒，如果坚持表扬孩子，他肯定会变得越来越好。然而，并不是所有的孩子都是夸出来的，好孩子都是教育出来的。而教育既包括表扬又包括批评，父母若发现孩子的身上出现了错误行为，绝不能任其发展、睁一只眼闭一只眼，必须要给予相应的教育，尤其是严肃的批评教育，甚至给予适当的惩罚，这是很有必要的。

对于孩子的错误行为给予适当的批评，这对于培养孩子良好的学习态度起着非常重要的作用。毕竟，良药苦口利于病，忠言逆耳利于行。适当的批评可以使孩子清楚地认识到哪些是绝对不能做的，以便及时调整自己的行动。

如果父母总是采取毫无原则地表扬、一点儿也不批评的教育方式，就会让孩子逐渐养成只听得惯表扬、无法接受批评的心理，孩子未来的健康成长也会在某种程度上受到影响。尽管如今的教育理念要求对孩子以赏识教育为主，然而，批评也是很有必要的。如果片面地夸孩子，不管孩子做了什么，都不问是非、毫无原则地表扬，张口就是"你真棒""你真优秀"，即便是批评，也只会是轻微地说几句，而根本无法触及孩子的"痛处"。

有一次，妈妈带着楠楠一起去朋友家里，正好朋友家的孩子跟楠楠年纪相仿。大人们愉快地聊天，两个小朋友一起玩得很开心。但是，没过多久，妈妈就听到了楠楠的哭声，两个大人走过去看个究竟，原来楠楠喜欢上了别人的飞机模型，非要抢过来玩，抢不过就哭了起来。朋友上前去对着自己孩子批评了几句，拿过玩具递给楠楠，楠楠不哭了，而朋友的孩子却哭了起来。最后，直到妈妈承诺给楠楠买一模一样的玩具，他才罢手。

其实，平时妈妈也发现了楠楠喜欢抢东西这一特点。有时候楠楠去小区里玩，虽然自己手里也拿着刚买的玩具枪，但看到别人手上有更新款的玩具，楠楠便会直接冲过去抢。妈妈觉得，在楠楠看来好像东西都是别人的好。

当孩子的自我意识开始萌芽时，他们就会表现得以自我为中心。他们认为自己的东西是自己的，别人的东西也是自己的，所以看到喜欢的就会拿走，看到感兴趣的东西会霸占为己有。孩子因自我意识而抢东西，这是没有任何恶意的，是一种很正常的行为。但是，父母也不能什么事情都不做，一方面需要了解孩子的这一成长规律，另一方面也需要适当批评孩子，给孩子讲清楚道理。当孩子第一次抢别人的东西时，父母就应该及时教育，这样可以快速有效地将孩子不良的行为纠正过来，同时可以防止孩子在多次重复这种行为之后坏习惯的固化。

教育必须是表扬和批评两种方法相互配合的过程，在主要方法上应该多赏识、表扬、鼓励孩子，但是好孩子并不完全是夸出来的，适当的批评会有效改正孩子的错误行为。那些毫无原则的表扬不利于孩子成长，很容易导致孩子不辨是非、心理承受能力低。

生活中，习惯表扬孩子会让他们觉得自己所有的言行举止都是正确的、值得肯定的，如此一来，他们很容易形成自负的心理，看不见自己身上需要改进的地方。长时间如此，根本不利于孩子正确认识和评价自己，也不利于孩子树立正确的是非观、荣誉观。搜索一下最近几年的新闻，我们会发现，现在的孩子心理承受能力很差，完全听不得任何批评意见，一听见父母的批评就大发脾气，甚至做出冲动的行为。这些都是因为父母在平时对孩子总是有求必应，没有让孩子养成听得惯批评的习惯，最终一句批评就击碎了孩子脆弱的心。

适当进行批评，可以让孩子知道自己的不足之处，正视自己的错误，学会自省反思。对于身上的错误行为，只有不断反思，才会让孩子完善自我，而批评的作用就是促使孩子反思。

科学的教育方法是"表扬为主，批评为辅"，一个孩子若不受一点儿批评，不遭遇一点儿挫折，没有受过一点儿委屈，那么他是难以成才的。批评的目的就是启发孩子，让他们明白如何才能不再犯相同的错误。同时，父母在批评孩子时也可以告诉孩子应该如何做，提供改正错误的具体方法。当然，最佳的方法还是让孩子自己去思考、去作决定，父母只是侧重于批评启发。

1. 理解孩子的错误

孩子自身所接触的知识范围狭窄，有时候他们并不知道自己的行为是错误的，但他们会以为这是正确的，这可能是他们模仿同伴做出的行为，或是在某个场合观察学习的行为。当父母看见孩子错误的行为时，可以让孩子暂时冷静，然后再跟他说发生过的事情，并指出错误，让孩子明白自己错在哪里，该怎么改正错误。

2. 引导孩子改正错误

父母批评孩子的目的在于让孩子知道在下次遇到同样的问题时该怎么样解决，而不只是让孩子知道不应该做什么。在批评过程中，父母可以向孩子提

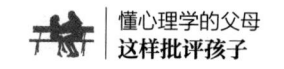

出合理的行为要求，并不断正面强化这些正确的行为。值得注意的是，父母在这时千万不要用强迫或威胁的方法，否则只会导致反作用。

3. 让孩子为错误负责

很多孩子在做错事情之后，会为自己找理由，"我没有做错什么""我看到他们都在做，所以才做的"，不断地为自己错误行为辩解，以推卸自己错误行为的责任。父母在批评时，要让孩子为自己的错误负责，让孩子看到自己造成的后果，明白自己应该负的责任，让孩子做一些事情来弥补损失。

4. 告诉孩子哪些应该做

许多父母在批评孩子时总会说"你不准做这个""不准做那个"，然而孩子都是叛逆的，父母越是不让做的事情，他们往往越是想做。所以，不妨告诉孩子哪些事情是可以做的，或者说怎么做才是对的。

5. 批评孩子的错误行为而非孩子本身

需要记住的是，父母批评孩子时应针对错误行为，而非孩子本身。不能因为孩子做错了事情就否定孩子的性格品质——"你很坏""你总是给别人带来麻烦"，而仅仅需要指出孩子的错误行为即可。

6. 启发孩子自己想办法解决失误

当父母批评完孩子之后，不妨告诉孩子，"既然事情已经这样，你觉得自己可以做点什么，才能尽可能减轻事情的损失挽回一些呢"。不要着急把方法告诉给孩子，而是可以启发孩子自己想办法解决问题。

告诉孩子犯错可以,但是要对自己的行为负责

有些孩子似乎总不愿意承认自己的失误并为之买单,在他们眼里,总认为自己是对的,别人是错的。假如自己做错了,他们还会把责任推卸到其他人身上。然而,不懂得负责、不懂得责任重要性的孩子永远也长不大。而那些能够做出一番成就的人,都是懂得为自己的过失买单并且敢于承担责任的人。

所以,父母应该努力把孩子培养成一个负责任的人。当孩子能够主动、自觉地尽职尽责时,他就可以获得满意的情感体验;相反,当孩子没有责任心、不能尽责的时候,他就会产生负疚和不安的情绪。

心理学家认为,责任心是健全人格的基础,是未来能力发展的催化剂,更是孩子们成长所必需的一种营养,它能够帮助孩子成长和独立。懂得自己的责任,学会负责,孩子才有前进的动力;只有认识到自己的责任,孩子才知道自己应该做什么以及怎么去做。

1.让孩子学会对自己负责

一个人只有懂得尊重自己的感情,尊重自己的理想,珍惜自己的年华和生命的活力,才能从自己的理想出发来安排现实生活。责任心的养成是一个人成熟的标志,父母应该让孩子明白,无论孩子做什么事情,都是为他们自己,如果他们什么也没有做好,没有得到大家对自己的认可,那么,他们就是对自己不负责任,最终影响的还是他们自己。

比如，孩子的大部分责任是学习，假如学习不够认真，就是对自己不负责任。此外，父母需要告诉孩子，对自己负责还包括对自己的事情负责，凡是能够自己做的事情都自己去做，包括穿衣、洗脸等，孩子只有从小养成对自己事情负责的良好习惯，才有可能慢慢学会对父母、朋友、老师等有关的人和事负责。

2. 引导孩子学会善待他人

关心他人，善待他人，这是培养孩子对家庭和社会责任心的基础。在日常生活中，引导孩子关心老人、病人和比自己小的孩子；当爷爷奶奶生病的时候，引导孩子学会照顾他们；引导孩子记住朋友的生日，并在生日那天给朋友送上一份生日礼物。

3. 让孩子学会反省

心理学家认为，孩子需要适时反省。孩子们在分析问题的时候，如果只会考虑到别人的过错，总是为自己找借口，那么有可能会导致他们缺乏责任心。遇到了困难不能解决，就把责任推到父母头上去；学习成绩不好，就把责任推到老师头上去。这些都是不良的行为习惯，父母需要告诉孩子：任何一件事情，我们首先应该反省的是自己，分析自己的过失、对错，明白自己在这件事中应该负什么样的责任。

逆商教育不可忽视

批评也是一种逆商教育，每个人的人生道路都不可能是一帆风顺的，都会有环境恶劣、遭遇坎坷、工作辛苦、事业失意的时候，这时候千万不要放弃，因为人生没有失败，只有放弃。假如人生顺利一点，那可以日子过得舒舒服服；一旦运气不好，日子就有可能过得艰苦一些。若是你不够坚强，当逆境来临的时候，你就会匆匆结束这次旅行；但假如我们足够坚强，那逆境又算得了什么呢？

逆境是一种人生挑战，在压力的促使下，人们能够充分发挥自己的能力，从而发现自己的潜能，肯定自身的价值。一些人好像就是为逆境而生的，顺境的时候，他们好像提不起精神来，而一旦遇上逆境、有了压力，则会精神百倍，像变了一个人似的，与逆境持续抗争。

前两天的一个晚上，女儿和幼儿园的小朋友，同时也是我朋友的女儿，一起在家里玩。她们两个一起画画，我看到那小朋友的画不错，就表扬了一句："小姑娘画的房子真漂亮。"女儿听到后，不高兴地走到了另外一个房间，我没理她。这时那个小朋友说要玩具，我就把女儿平时玩的积木给她，女儿过来看到了更加不高兴了，又走了，直到客人走了，女儿也没从房间里出来。

后来，女儿莫名其妙就哭了，哭得很伤心，我问她为什么哭，她说：

"你说她画得好,我也画得很好啊,但你为什么不表扬我呢?我要做一个不听话的坏孩子。"我愣了,女儿又很委屈地说:"你拿玩具给她玩,又不给我拿。"我解释说:"因为她是客人,所以妈妈要拿好吃的给她吃、拿玩具给她玩。"女儿委屈地说:"可我是你女儿,为什么你不拿给我呢?"

人们的生活水平提高了,社会中独生子女所占的比例也越来越大,但对孩子的教育问题则成了父母最头疼的问题。在家庭教育的过程中,出现了一个十分突出的矛盾,那就是孩子的生活和受教育条件越来越好,但孩子们的身心承受能力越来越差。在我们身边,常常有孩子因为受批评而选择离家出走或者自杀,其中的关键原因就是孩子生活得太顺利了,缺乏相应的挫折教育。

挫折教育就是指家长有意识地创设一些困境,教孩子独立去对待、克服,让孩子在困难环境中经受磨炼,摆脱困境,培养出一种迎着困难向上的坚强意志及吃苦耐劳的精神。

挫折是当孩子遇到无法克服的困难、不能达到目的时所产生的情绪状态,人的一生可以说是与挫折相伴的。困难和挫折,对于成长中的孩子而言,是一所最好的学校,若父母给孩子过分的溺爱和保护,让孩子缺少参与、实践的机会,缺乏苦难的磨炼和人生的砥砺,那么,孩子的心理承受能力就会很差,遇到一点点挫折就灰心丧气、自暴自弃,乃至失去信心。

第05章

避免随意批评，了解孩子调皮行为背后的原因

了解你的孩子，听听他的心里话

夫妻结婚后有了孩子，大部分的精力就都会花在孩子身上。想要养好孩子，首先要了解孩子的心性。父母对孩子的心性仔细了解，说些贴合孩子心理的话，就会渐渐使孩子养成好性格，有利于孩子的健康成长。孩子的性格，会由于父母不同的教养方式呈现出不同的模样。良好的教养方式，能够促进孩子的健康成长；拙劣的教养方式，会改变孩子的性格，使活泼可爱的孩子神情抑郁、苦闷不堪。因此，父母要教养好孩子，就要选择正确的教养方式，让孩子快快乐乐地成长。

父母在养育孩子时，如自己对孩子说话温柔可亲，不焦急、不暴躁，说话切合孩子的心理，孩子就会养成好秉性，表现出活泼开朗、积极向上的性格。如果父母不了解孩子的心理，自己常常心情抑郁、沉闷不乐，不顾孩子的心理和感受，和孩子说话爱搭不理，态度冷淡，孩子的心理就会受到打击，心情就会变得压抑，性格也会忧郁，这不利于孩子的健康成长。

作为父母，我们有权利和责任养好孩子，培养孩子良好的性情。父母了解孩子的心性，说一些贴合孩子心理的话，孩子的心理就会趋于平和，即使遇到难以解决的事情也会冷静处理，而不会乱发脾气，暴跳如雷。父母要了解孩子的心性，就要多和孩子进行言语的交流，对孩子说话要循循善诱，不能因为孩子说话缓慢或口吃而斥责孩子，要给孩子讲道理，让孩子明白，和别人相处

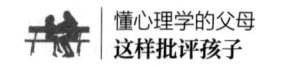

时应该怎么说话、怎么做事。只有了解孩子的心理，父母才可以把孩子培养成理想中的快乐宝宝。

文静婚后生了一个可爱的小宝宝，取名张欣。已经四岁的张欣和同龄的小朋友比有些忧郁，他不喜欢和小朋友在一块儿玩耍，喜欢躲在人少的地方，也不太爱说话。对于张欣的这种表现，文静很着急。她担心这不利于张欣的健康成长。为此，她请教了几位有教子经验的母亲，了解到了孩子原来是具有胆怯心理。

为了改变张欣的性格，把张欣培养成性情活泼的孩子，文静特地让张欣逐渐和小朋友们多接触，鼓励他和小朋友们说话。原来对其他小朋友感到胆怯的张欣，看到小朋友都在玩耍，也敢上前和他们说话了，虽然说得结结巴巴，但是小朋友还是听懂了他的话，邀请他一块儿玩耍。看到张欣快乐地和小朋友们嬉笑着、玩耍着，文静的心里感到了莫大的安慰。

文静又把张欣带到不同的场合，以此锻炼张欣的胆量，培养他的说话能力。经过一段时间的锻炼，张欣的说话能力得到了加强，不再像以前那样胆怯了。文静了解了张欣的心性，再和张欣说话时，总能贴合张欣的心思，没有了隔阂，张欣也能很快明白文静的话，按照文静的要求去做。看着变得活泼可爱的孩子，文静感到非常开心。

1. 了解孩子的心性，才能沟通顺畅

父母了解了孩子的心性，说贴合孩子心理的话，就能和孩子进行良好的沟通。如果父母不了解孩子的心性，在和孩子说话时，不看说话对象，不分年龄场合，孩子不懂父母的话，就不会按照父母的要求去做。只有父母了解了孩

子的性情，孩子才能被塑造成父母心目中的理想形象。案例中的文静，在了解到自己的孩子张欣由于胆怯不敢和别人说话时，就特地锻炼张欣的说话和交际能力，使张欣的性格逐渐朝着良性发展，把张欣培养成了活泼可爱的孩子。

2. 了解孩子的心性，才能让孩子有良好性格

了解孩子的心性，是培养孩子、塑造孩子性格的良好途径。父母对孩子的心性不了解，不明白孩子的优劣点，说话不符合孩子的心理，孩子就难以接受、难以明白。这样，父母和孩子沟通就非常困难。多倾听孩子的心声，培养孩子的兴趣，才能让孩子健康地成长。因此，父母对待孩子要付出真心，和孩子说话时要让孩子听得懂、心里明白，对孩子进行多方面的培养，这样孩子才能更加快乐地成长。

适度期望，别给孩子太大压力

现代社会竞争压力越来越大，父母对孩子的期望值也越来越高，父母迫切地希望孩子成才，导致孩子的学习负担越来越重，孩子的逆反心理也越来越强。心理学家提出，实现成功需要一步步地努力，过高的期望值很容易让孩子迷失方向、看不到出路。

"望子成龙、望女成凤"的期望由来已久，父母对孩子的期望值过高，是目前独生子女父母群体中普遍存在的现象。通常，孩子到了三四岁，父母就开始琢磨应该让孩子学点什么，假如是孩子本身愿意去学，那也无可非议，但多数情况是父母安排让孩子去学这个学那个，结果弄得自己苦不堪言，而孩子也失去了快乐的童年。

很多父母对子女抱太高的期望，经常不自觉地给孩子施加压力，强迫孩子在小小年纪就去学这学那。结果，许多孩子对学习产生了厌恶情绪，有的还严重影响到了身心健康。希望子女成才无可厚非，不过父母必须明白，不是每个人都成得了"人中龙凤"，因此不要苛求自己的孩子，也不要让孩子过早背上沉重的思想包袱。

父母的期望值过高对孩子而言并非始终是一件好事情，有时候甚至会导致可怕的后果。有的孩子本来有自己的优势所在，但假如父母的期望值过高，偏离了孩子本来的情况，就会让孩子产生不自信、没动力，甚至厌烦、叛逆等心理，这不仅不利于孩子的进步，反而容易让孩子的心理出现问题。

1. 明确教育成功的内涵

父母怎么样才算对孩子尽到了责任，怎么样才算教育孩子成功？对此，许多父母都喜欢用"出人头地""成名成家"来衡量。实际上，教育的最高理想不是培养出多少出类拔萃的大人物，而是培养出多少和谐幸福的人。对父母而言，教育孩子不一定要把他培养成教授或博士才算成功，关键是要让孩子成为一个幸福的人。

2. 尊重孩子的兴趣爱好

父母应该设身处地考虑孩子的实际情况，照顾孩子的兴趣爱好和实际能力，尊重孩子的意愿，而不能盲目地要求孩子按照父母预先设计的轨道成长，千万不要对孩子提出过高的期望要求，需要注意给孩子减轻过重的精神压力。家长不应将孩子人生的最大砝码押在学习成绩的拔尖上，毕竟，培养孩子有健康的心理、美好的品格和良好的动手能力，远比考试成绩更重要。

3. 降低期望值

要想让孩子快乐地成人成才，父母首先要有平和的心态，降低期望值，给孩子减压，根据实际情况和孩子本身制订合适的奋斗目标。父母平时要注意不只看孩子的考试分数，更要帮助孩子发现长处和分析不足，做到扬长避短。对于已经出现的问题，要给孩子指出以后努力的方向，以孩子乐于接受的方式进行教育，促使孩子养成良好的习惯。

孩子爱"捣乱",没必要大惊小怪

有的父母带着孩子们出去玩的时候,喜欢警告孩子:"不许到那个地方去!""不要跑远了。"如果看见孩子正在观察一只毛毛虫,就赶紧斥责:"一条毛毛虫有什么好看的,一会儿它爬到你身上怎么办?"在父母的大声斥责下,孩子探索的兴趣也被扼杀了。如果父母问一句:"你在看什么呢,发现有什么好玩的吗?"也许孩子能够说出自己的想法,长此以往,孩子就会养成一种习惯——看到新鲜有趣的事物,他就会留心观察,有什么质疑的,他也自己去找答案,这样有利于培养孩子的探索能力。

这天,小豆子回家第一件事情就是问爸爸:"爸爸,圆周率是什么?"爸爸没有直接回答他的问题,而是向小豆子提问:"你觉得圆的周长和直径之间有什么关系呢?""我不知道,可是测试出来不就知道了吗?"小豆子想出了一个方法,不用爸爸提醒,他就自己找来了一个杯子、一把直尺和一条绳子。找来了这些工具,小豆子开始用手边的绳子和尺子量杯子的周长和半径。这时妈妈回来了,看到小豆子拿着绳子,又拿着杯子,大声呵斥:"你在干什么?又想把杯子摔碎?家里的杯子已经越来越少了,这孩子真是不听话……"妈妈一边说着,一边拿走了小豆子的杯子。

父母要鼓励孩子多探索，激发孩子探索的兴趣。孩子都有探索的能力，但他们的探索活动常常被父母阻止，或者父母没有给孩子提供探索的机会。因而，建议父母无论是在家里，还是带着孩子出去玩，都要不失时机地鼓励孩子去探索。父母可以问问孩子："有什么新的发现吗？"这样，孩子就会动脑筋去思考，动手去开始自己的探索之旅了。

1. 不要告诉孩子答案

比如，父母买回了菠萝、螃蟹、玻璃等新鲜东西，只需要告诉孩子事物的名称就可以了，其余的可以让孩子自己去探索，在探索过程中，孩子会发觉菠萝外面的刺具有伤害性，螃蟹能用钳子夹人，玻璃容易打碎需要小心。

2. 让孩子体会探索带来的成就感

父母在给孩子买回积木后，应让孩子按照自己的想象堆出各种造型，把自主权交给孩子，随便孩子怎么玩。每当孩子让你欣赏自己的杰作时，你都应积极给予称赞，"哇，又有新玩法了，真不错"，并且鼓励孩子积极探索，"还有更好玩的玩法吗"，孩子又会在父母的鼓励之下开始新的尝试。你会发现，在这个过程中，孩子的头脑越来越灵活了。

3. 不要有太多的"不准"

有的父母带着孩子出去玩，出门之前就开始了"不准"的命令：不要把衣服弄脏了；不要爬树；不要到处乱跑。当你不断地命令孩子时，实际上也扼杀了孩子的探索兴趣。面对外界的新鲜事物，父母应多鼓励孩子去探索，把自主权交给孩子，让孩子能够放开自己，勇于探索。

4. 做一个旁观者

当孩子在专心地做一件事情的时候，父母不要干扰孩子，有可能你的喋喋不休会让他断了思路。尽量不要催促他，也不要在旁边不断地提醒他不可以这样、不可以那样，否则会干扰孩子的行为，而且会让孩子觉得自己不受尊重。如果孩子在探索过程中遇到了困难，父母不要急于帮助他，而是可以先多给孩子一些建议，慢慢引导他战胜困难，获得成功。

若父母主动告诉孩子答案，孩子很快就能学到知识，但他是被动接受的。其实，父母不应该把答案直接告诉孩子，而应鼓励孩子自己去探索，虽然自己探索的过程比较慢，但这时孩子可以学到认识事物的方法，可以体会到主动探索的乐趣。时间长了，孩子就养成了主动学习的好习惯。

孩子犯错很正常，没必要大惊小怪

孩子天生就是积极的、喜欢尝试的。从他张开眼睛开始，就尝试着到处看；当他能控制自己的动作时，就喜欢到处爬。然而，由于许多事情都是第一次，他难免会出错。假如父母对于孩子的每一次尝试都报以严厉呵斥"不准"，或大惊小怪地惊呼"危险"，他的内心就会受挫，时间长了，他对自己所做的事情就会变得很不自信，因为他不知道自己做完之后父母是否又会大声说"不"。最后，他会如父母所愿变成一个乖孩子，然而，"自卑"的种子也会深深地根植于他的心中。

每一个孩子天生就是纯真而美好的，他带着自己独特的命运来到这个世界。作为父母，我们最重要的任务是识别、尊重并培养孩子自然而独特的成长过程，有责任明智地支持孩子，帮助他们发展自己的天赋和优点。父母需要意识到，没有哪个孩子是完美的，所有的孩子都会犯错误，这是不可避免的。

赵妈妈每天挂在嘴边的就是"你不可以做这样"，她抱怨儿子每天小错不断，大错隔三差五。孩子每天在家里搞破坏，如早上起来孩子把卷筒纸缠在身上做飘带，上学路上把玩具拆得七零八落，幼儿园老师反映他把洗手池的水龙头堵了，还说想看看水还能从哪里冒出来……

他就这样一次次犯错误：卧室的灯泡一个月内闪坏两次，却推卸责任说妈妈买的灯泡"不结实"；后院里的花朵一天天减少，原来是小家伙摘了种在土里、泡在水里，屡种屡死；饭后积极收拾碗筷，却摔坏碗筷，还不打自招地称"我不是故意的"，然后还恍然大悟地说："妈妈，原来瓷盘子真的能碎呀！"对于孩子幼稚且故意犯下的错误，妈妈十分生气，训过几次，不过没什么效果，还变本加厉故意作对，这让妈妈很是头疼。

心理学家告诫父母们：不要努力培养"不会犯错的孩子"。许多父母在教导孩子时，总是亦步亦趋地紧盯着孩子，要求孩子不要犯错；只要孩子错一点点，就着急叮嘱与矫正，担心孩子做错事。不过，不知父母考虑过没有，这样真的是对孩子最好的方式吗？小时候不让孩子去尝试，等到长大后又抱怨孩子很被动，没人教他就不会动；小时候不让孩子"失败"，等到长大后却又抱怨孩子怕"挫折"，一点小事就放弃。

对孩子而言，没有比拥有一个"完美"的童年更糟糕的事情了。拿破仑·波拿巴说："推动摇篮的手就是推动地球的手。"孩子犯错并不可怕，可怕的是父母对待孩子犯错的错误方式。父母不当的管教方式，不仅不能让孩子认识到错误的本质、体验到犯错的后果，反而会让孩子身心受到更大的伤害，甚至会让孩子走向与父母的期待背道而驰的另外一个极端。

孩子衡量自己的唯一途径是父母的反应，父母应传递给孩子的信息是：只要尽最大努力就够了，错误是学习和成长中很正常的一部分。通过犯错误，可以让孩子学到什么是对的、什么对自己最好。当孩子得到明确的信息、明白犯错误没关系后，那些不良反应就可以避免。所以，父母应允许孩子犯错误，且视错误为学习的过程，让孩子有机会得到充分的发展。

1. 鼓励孩子大胆尝试

孩子就像是一个天生的"科学家",凡事都要亲自去尝试,才会愿意相信这是事实。即便父母跟他说"这个杯子会很烫",孩子也总要摸一下才会愿意相信。尽管这在父母看来是调皮,不过也就是因为这样的"天真"与"执着",让孩子与父母有着截然不同的想法。允许孩子犯错,实际上就是鼓励孩子不怕失败、敢于尝试。

2. 重视孩子的天性与特长

若父母把所有的精力都用于监督孩子"不会犯错",却忽略了孩子的天性与特性,那么这样的努力到头来可能是一场空,且会让孩子感到精疲力尽。孩子的成功值得表扬,不过"失败"也不是一件错事,最重要的是孩子喜欢"探索"与"尝试"。父母应重视孩子的天性与特性,鼓励孩子在尝试中成长。

3. 不要把"不可以"挂在嘴边

婴儿是在跌跌撞撞中才学会了走路,只有不怕跌倒,才可以走得很好。父母不要总是把"不可以"挂在嘴边,这不是在保护孩子,反而是在限制孩子的发展。相反,父母可以告诉孩子"可以怎么做",给孩子一些练习的时间,不要期望孩子试过一次就可以好好配合,毕竟孩子需要练习才会熟练。

4. 鼓励孩子认错

假如孩子真的犯错了,那么父母需要耐心教导,鼓励孩子承认错误。要让孩子明白,犯错是一件很平常的事情,每个人都会犯错,只要勇于改正,就是好孩子。在这个过程中,父母要有足够的耐心,否则就会让孩子害怕受到惩罚,这样反而会让孩子试图隐瞒自己的错误。在他们看来,与其面对惩罚,还不如隐瞒所做的事情。

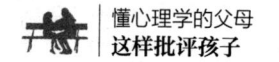

5. 别给孩子乱贴"标签"

当孩子犯错的时候,父母要记住,不论自己多么生气、恼火,一定要努力克制住情绪,不要给孩子乱贴标签,如"坏孩子""惹祸精"等。等到父母和孩子都心平气和的时候,再用建议的方式跟孩子沟通他的错误,这样父母会更深刻地了解孩子犯错的心路历程,并借此引导孩子认识世界,引领孩子健康成长。

孩子调皮，你知道为什么吗

常常听到孩子这样抱怨："父母根本不理解我们的需要，他们想说的就说个没完，而我想说的他们却心不在焉。"孩子的这种烦恼是普遍存在的，其实，孩子内心有着许多想法，他们也有欢乐、苦恼、意见，如果父母不能主动走进孩子的内心世界，孩子有了意见没有得到及时的交流，那么父母与孩子之间的鸿沟就会越来越大。

于是，父母埋怨"孩子不理解我的一片苦心"，孩子也抱怨"父母根本不了解我"。其实，孩子在这一阶段已经逐渐有了自己内心的小世界，由于惧怕、害羞等多种原因，他们会封闭自己的内心，不会轻易向父母吐露自己的想法。这时候，就需要父母主动走入孩子的内心世界，倾听孩子所思所想，读懂孩子的烦恼与快乐，真正成为孩子的知心朋友。

一天，女儿放学回家后若无其事地告诉妈妈："今天上午上数学课的时候，我居然睡着了。"上课的时候居然睡觉？妈妈听到这话就生气了，责备道："上课时还睡觉，你说我辛辛苦苦挣钱供你读书，你都做啥了？"女儿有些委屈："我觉得困了就小眯了一会儿，醒来看见老师正在讲课，我都不知道自己睡了多久，也没人叫我。""睡觉，睡觉，我让你睡觉！"妈妈开始动手打女儿，家中渐渐响起了女儿的哭声。

过了一周学校开家长会，老师向妈妈反映："孩子很喜欢上课时睡觉，当着全班同学的面都批评了好几次，她还是这样，一点也不改进，希望你们可以敦促一下。"妈妈回到家，对女儿又是一顿打骂，女儿挂满泪水的脸，透露着一丝幸灾乐祸的笑容。因为她博取妈妈关注的心理得到了满足。

心理学家认为，父母与孩子之间的沟通，孩子是掌握着主动权的，因而有的父母会说"他心里有什么想法，那也得开口向我说，否则我怎么能走进他的内心世界呢"。其实，孩子都有一定的惧怕和羞涩心理，即便是有一些想法，他们也不会主动告诉父母，而是需要父母诱导孩子说出来，或者父母通过自己的方式来了解孩子，走进孩子的心灵世界。教育专家认为，要想走进孩子的心灵世界，就要主动和孩子交朋友。

1. 主动与孩子的老师沟通

有的父母没有主动与孩子老师沟通的习惯，他们认为孩子在学校就应该是学校的责任，如果孩子有了什么事情，老师会主动联系自己的。其实，每个班级那么多学生，老师根本不会顾及每一个学生，这就需要父母主动与老师交流。这样，父母能及时地了解孩子的学习表现和思想素质，还能够积极主动配合老师指出孩子存在的问题，从而及时改正，便于父母与孩子进行顺畅沟通，了解孩子最近的表现，有助于父母走进孩子的心灵世界。

2. 冷静处理孩子的过错

虽然明知道孩子做错了，父母也应该保持冷静的心态，冷静地处理孩子的犯错行为。这时候，如果父母的情绪失控，就意味着中断了自己与孩子的谈话，因为，孩子内心是不希望看到父母失望的，一旦父母表现出过多的失望和担忧，就会造成孩子隐瞒真实想法的严重后果。所以，当孩子犯了错误后，父母要设身处地为孩子着想、为孩子分忧，不对孩子的所作所为大肆发表自己的意见或者大声指责，这样孩子渐渐就会对父母说出自己内心的想法和秘密。

3. 了解孩子的内心世界

有时候，孩子并不愿意向父母坦白自己的想法和意见，甚至也不愿意与自己的好朋友交流，他们喜欢将心声写成作文和日记。这时候，父母可以从孩子的作文和日记中了解他的内心世界，当然，看孩子的作文和日记，一定要征求他的同意，毕竟日记是孩子的隐私，暴露出来是需要勇气的，这需要父母理解。

4. 与孩子成为朋友

父母要想主动走进孩子的内心世界，就要与孩子进行密切接触，消除距离感，成为"零距离"的知心朋友，这样孩子才会把自己的一些想法做法告诉父母。这时候，孩子不把父母当作高高在上的父母，而是当作可以交心换心的好朋友，他就不会对父母保留自己的秘密。

5. 重视孩子的内心需要与感受

父母需要重视孩子的内心需要与感受，体会孩子的烦闷、苦恼，鼓励孩子表达自己的想法和感受。有时候，父母可能会不赞同孩子的一些行为，但是需要理解孩子的内心感受。父母要明确，孩子对事物的感受或心理活动往往比他的思想更能引发他的行为。所以，父母应该重视孩子的感受，并对他的感受认真加以理解和评价，这样会促使孩子在你面前展露一个真实的内心世界。

6. 给孩子战胜困难的勇气

当孩子面对没有做过、没有把握的事情，或者面对困境和挑战的时候，最希望得到父母真心的鼓励。告诉孩子"你能行""不要怕""再加把油""你是个勇敢的孩子""要有点冒险精神呀,宝贝",可以鼓励孩子勇敢面对、大胆进取,不断努力和尝试。

7. 认可孩子的观点和行为

孩子往往希望可以从大人那里得到认可,但我们似乎总是让他们失望。多与孩子交流,"你的看法有道理""你一定有好主意""你的想法呢",而不要轻易否定他们的看法和想法,不要驳斥他们的意见,学着鼓励孩子表达出自己的心声,让他们按照自己的想法去做做看、去试探一番,宁愿他们从中得到教训,也不要轻易否定他们。没有试过,你怎么知道自己一定就比孩子高明呢?

8. 关注孩子的进步

随时都要看到孩子的进步,并及时给予赏识,这样才能让孩子重新建立做好事情的勇气和信心,否则会让孩子失去前进的动力。对孩子任何的一点进步,都应该及时给予鼓励和称赞,欣慰地对孩子说"你长大了"或者"不要急,慢慢来,你已经有了进步""你一点也不比别人笨,妈妈每次都能看到你的努力和进步。"这些足以让孩子看到你对他的重视,产生"一定会做得更好"的勇气和信心。

第06章

忠言也能顺耳，
批评是父母都要掌握的一门艺术

批评这门艺术，你掌握了吗

对于父母来说，对孩子的过错进行批评，这是很有必要的，批评与赞扬是相辅相成的。但是，批评也要讲艺术，批评本身是一种指责，如果运用不当，孩子就只会记住你的批评而不是自己的错误。父母应该尽量减少批评带来的副作用，尽可能地化解孩子对批评的抵触情绪，从而达到一种较为理想的批评效果。

所以，父母在批评孩子的时候，应该学会用一些技巧，换一种方式，或是私下批评，或是比较委婉地表达自己的想法，这样孩子才会易于接受你的批评。

1. 对孩子进行启发式批评

父母批评孩子的目的就在于使他能够认识自己所犯的错误，并且能够及时地改正。但是，要想使孩子从根本、从内心认识到自己的错误，就需要父母从深处挖掘错误存在的原因。"欲晓之以理，必先动之以情"，你需要用一些简单的道理慢慢启发他，循循善诱，帮助孩子认识并且改正错误。

2. 对孩子采取幽默式批评

所谓幽默式的批评，就是父母在批评的过程中善于使用一些富有哲理的故事、双关语，或者是形象的比喻等。这种幽默式的批评方式，可以更加有效地缓解孩子的紧张情绪，也可以使双方处于一种愉快的氛围中，启发孩子独立思考，从而增进相互间情感上的交流。这种幽默的批评方式，不但能够达到教育孩子的目的，还可以营造出轻松的气氛，使孩子更容易接受。

3. 对孩子采取警告式批评

如果孩子所犯的错误并不是原则性的错误，或者双方并未处于犯错误的现场，父母就没有必要对他进行严厉的批评。你可以用比较温和的话语，只是巧妙地点明问题所在，或者用某些事物进行对比、影射，只要点到为止，对孩子起一个警告的作用就可以了。

4. 对孩子进行委婉式批评

委婉式的批评其实就是间接式的批评，不当面直接地进行批评，而是采取间接的方式对孩子进行批评。父母可以采用借此喻彼的方法，这样会让孩子有思考的余地，从而更容易接受。委婉式批评的特点就是比较含蓄，不会伤害孩子的自尊心。

孩子的自尊心都是很强的，如果父母在公开场合点名批评，就会让孩子感觉没面子，甚至对父母怀恨在心，有的干脆"破罐子破摔"。所以父母在对孩子进行批评时，要采取委婉的批评方式，这样不伤害孩子的自尊心，也更容易让他接受。

批评孩子,要看场合和时机

父母对孩子要做到有效的批评,就需要注意批评的场合和时机。假如父母不顾时机、场合就展开对孩子的批评,那么只会适得其反、事倍功半。

明智的父母往往会根据不同的场合来调整批评的方式,有些比较鲁莽的父母常常不分场合就对孩子进行一顿粗暴的批评。一般来说,父母要尽量避免在比较公开的场合批评孩子,在公共场合批评孩子的行为,绝对是不妥当的。孩子也有自尊心,这样的批评方式无异于践踏孩子的自尊心,不仅打击了孩子,也显示出父母的行为不当。

妈妈带着孩子去逛超市,当妈妈正在挑选东西的时候,听到玩具区传来物体倒地的声音。妈妈走过去,看见一个玩具被摔在了地上,而孩子正手足无措地站在旁边。妈妈细心地问:"怎么了?"孩子有些委屈:"我准备拿下来看看,手松了就掉下来了。"这时营业员过来了,妈妈说:"实在不好意思,孩子想拿下来看,结果摔坏了,您放心,我们会购买的。"说完,妈妈拿着摔坏的玩具领着孩子走向收银台。

回到家,妈妈对孩子说:"妈妈知道你不是故意的,不过下次你拿不到玩具时可以让妈妈帮你拿,还有,你知道今天还有什么事情没做吗?"孩子茫然地摇摇头,妈妈耐心地说:"你没有跟营业员阿姨说对不起哦,虽然你不是故意的，但摔坏了玩具就是做错了，需要跟阿姨说对不起，今天妈妈已经替你说了，下次我希望能由你自己说，好不好？"孩子点点头。

如果妈妈在超市当众批评孩子一顿，那么不仅是当众给孩子难堪，而且起不到任何的教育作用。正确的做法是像案例中的妈妈一样，回到家私下跟孩子说清楚事情的结果，引导孩子懂得为自己的过错负责，这样不仅可以更好地解决问题，还能够让孩子养成知错就改的习惯。

当父母发现孩子犯错误时，一定要注意批评的时机。如果父母直接当众批评孩子，那么对孩子来说是一件十分尴尬的事情。所以，父母在批评孩子的时候，要选择恰当的时机。

当父母对孩子进行批评的时候，可以事先给孩子一点暗示，同时简单地跟他说一下，让他有个心理准备，而父母在进行正式批评之前也应思考一下对这件事的处理方法。父母在批评之前要提醒自己注意分寸，保持冷静。当然，父母自身要保持一种自然轻松的态度，尽可能使用一些客观亲切的语言，这样可以让孩子从心理上接受，也可以让孩子不至于那么难堪。

1. 理性批评

孩子毕竟是孩子，偶尔会说错话、做错事，父母不需要重复指出孩子身上的毛病。批评的关键是准确到位，指出孩子的缺点时要简洁明了，言语不在多而在准，这样容易让孩子心服口服，否则根本达不到批评的效果。

2. 批评的话尽量附耳细说

父母批评孩子时应尽可能附耳细说，避免当众让孩子下不来台。对于那些非常有个性的孩子，直奔主题的批评往往会导致他们的反感。父母多考虑孩子的感受，心平气和地跟孩子说，他自然会理解父母的意图，接受批评。

3. 尽量将批评放在家里

批评孩子时应尽可能选择在家里，选一个合适的时间坐在一起，开诚布公地交流。父母可以借此机会提出对孩子的要求，也鼓励孩子对父母提出意见。在交流之后，如果孩子意识到了自己的错误，父母可以督促孩子制订纠正错误的计划表。

4. 批评应选好时机

父母在针对孩子的过错进行批评的时候，应注意及时性，即发现错误就要立即采取行动。随时发现，随时批评，千万不要拖延时间。如果父母过了很久才找孩子谈话，他的心里就会充满困惑："我一直都是这样做事的，怎么现在才来跟我讲呢？"如果父母在孩子心里正充满愤怒情绪时对他进行批评，也是非常不恰当的，这样只会让孩子的抵触情绪越来越多，甚至会当面与父母产生尖锐的冲突。所以，父母要找准时间，不早不晚，在恰当的时机提出恰当的批评。

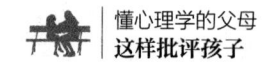

批评不是审判，让孩子认识到错误即可

孩子做错了事，父母理应对他加以指责、批评，但是孩子也有自尊心，批评应该在平等的基础上进行，父母不要以审判者自居，任意地批评孩子。

孩子有自己的人格，不能因为自己是父母就任意损害孩子的自尊。否则，非但不能解决问题，还会使孩子对你产生恨意，导致以后的交流更不容易展开。所以，批评应该就事论事，不要揭孩子伤疤，尤其是注意要以朋友的口吻进行询问，不要居高临下、摆出父母的架子。另外，在批评完之后，一定不要忘了补上一句安慰或鼓励的话语，这样才会使孩子心服口服，乐意接受你的批评和帮助。

放学回来后，爸爸让女儿文文赶快去写作业，文文磨蹭着脚步，小声嘀咕着："爸爸，我先把这本课外书看完，行不行？"正在为工作而烦心的爸爸有点不耐烦地说："爸爸叫你去写作业，你就去写，不要在那里啰嗦，也不要讨价还价，明白吗？没有看到爸爸正忙着呢！""我也有说话的权利。"文文小声地说完，就赶紧溜回了自己的房间。

正准备发火的爸爸听到了女儿的那句话，有些难以理解："你一个孩子，有什么说话的权利？爸爸说这些话都是为了你好，你年纪还小，又没判断力，就得听爸爸妈妈的。"

第06章 忠言也能顺耳，批评是父母都要掌握的一门艺术

许多父母在孩子面前都是高高在上的姿态，言行举止中透露出作为父母的威严与不容侵犯的权威。于是，孩子在和父母说话时往往战战兢兢，长大后，他也学会了不讲道理，学会了"镇压"的方式。从孩子的嘴里，也经常蹦出"闭嘴，我不想再听了""你跟我说再多还是没有用，我已经决定了"等这样一些字眼。

1. 批评要就事论事

父母批评孩子是在双方平等的基础上进行的，态度上的严厉并不等于刺耳的语言，许多父母习惯批评时揭露孩子的伤疤，这绝对是批评的大忌。当父母在揭孩子伤疤的时候，可能只是发泄了自己的愤怒情绪，但是这样的做法对教育本身一点儿用也没有。因为揭露孩子伤疤的做法对批评毫无帮助，只会让孩子想起一些不愉快的记忆。实际上，最佳的批评是使用恰当的语言，父母绝不能以审判者自居，恶语相向，不分轻重。

2. 用朋友的口吻

父母应该用恰当的批评方法，可以与他站在同一立场，用朋友的口吻去询问对方："发生了什么事？""我能为你做些什么？"或者："为什么会这样？怎么回事？"这样的方式，可以帮助父母详细了解情况，更为有效地解决问题。当然，你也可以直接告诉他你的要求，但是千万不要直接说："你这样做根本不对！""这样做绝对不行。"你可以试着说："我希望你能……""我认为你会做得更好。""这样做好像没有真正地发挥你的水平。"用提醒的口吻与孩子交换意见，委婉地表达自己的想法。

相反，如果你居高临下，盛气凌人的口吻对他进行责备，就会引起他的反感，批评也会失去原来的效果。所以说，批评的时候，你角色的定位非常重

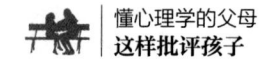

要，它会使批评产生截然不同的效果。

3. 补上一句安慰或鼓励的话语

父母要特别注意的是，在你严厉地批评孩子之后，一定不要忘了补上一句安慰或鼓励的话语。这是因为孩子在受到批评之后一定会垂头丧气，而且对自己缺乏信心。在这恰当的时机，如果你不及时对他进行安慰或鼓励，他很容易自暴自弃、自甘堕落。

因此，父母在对孩子进行严厉的批评之后，要适时用一两句温馨的话语来鼓励他，或者是在事情过后私下向他解释，自己之所以对他严格要求，是因为希望他纠正那些错误的行为。这样的话，受到批评的孩子就会深深体会"爱之深，责之切"的道理，也会在你的安慰或鼓励下更加发愤图强。这样的批评方式，不仅会使孩子牢记自己所犯的错误，也会激发他的积极性和自觉性。

批评孩子，这几点雷区不可踩

父母批评孩子是为了指出其言行中的错误，使孩子及时改正错误。所以，要想达到很好的批评效果，就需要讲究批评的艺术性，避免消极、简单的语言倾向。批评是一门艺术，批评是为了鞭策和激励孩子更好地完善自我。同时，批评作为一种反向的激励，如果被不恰当地运用，就很容易伤害、刺激孩子，特别是孩子的自尊心和荣誉感，这样不但收不到激励的效果，还会走向激励的反面，使孩子情绪消极、表现被动，甚至作出偏激和抵抗的反应。所以，父母在批评孩子的时候，一定要在恰当的时间、恰当的场合用在恰当的人身上，否则，就会引起不良的后果。因此，父母在批评孩子时一定要注意避开以下这些雷区。

1. 讽刺孩子

每个人都有自尊心，即使是犯了错误的孩子也是如此。父母在批评的时候，要考虑到他的自尊心，千万不要随意践踏孩子的自尊心。因此，父母在批评孩子的时候，自己一定要保持心平气和、自然轻松的态度，不能大发雷霆、横眉怒目。很多父母认为这样才能显示自己的威风，实际上，你这样的批评方式，最容易伤害孩子的自尊心，甚至会导致矛盾激化。

因此，父母在批评孩子的时候，要戒言辞尖刻、恶语伤人。当父母自身怒火正盛的时候，最好先别批评孩子，等自己心情平静下来之后再去批评。同时切忌讽刺、挖苦、恶语伤人的行为。虽然孩子有过错，但是他在人格上与你

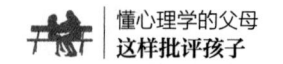

完全平等，所以绝对不能随便贬低孩子甚至侮辱孩子。

2. 威胁孩子

父母批评孩子的时候，要在平等的基础上、在愉快的气氛中进行，这样才容易被他所接受。如果父母总是摆出一副居高临下、盛气凌人的姿态，孩子也会产生一种逆反的情绪，他们讨厌自己被你的气势压服。有的父母甚至动不动就说："是我说了算，还是你说了算？"或者是给孩子下最后通牒："你必须按我的说的去做，否则今晚别吃饭了。"这样的话很容易激起孩子的逆反情绪，他可能也会想，我为什么一定要听你的？或者有的孩子不服气地反过来说："悉听尊便，我才不怕呢！"所以，父母这样的批评方式根本解决不了问题，结果反倒是逼而不从、压而不服，激起孩子的反抗情绪。

3. 到处说孩子的错误

父母在批评孩子的时候，不能随便发威，更不能随处宣扬。有的父母前脚才批评完孩子，后脚就把这件事情告知爷爷奶奶、外公外婆、伯父伯母……或者是事隔不久在家庭聚会上说出孩子被批评的事情，搞得人尽皆知。这样会使孩子在其他人面前抬不起头来，增加他的思想压力和反感情绪。

4. 不分场合地批评孩子

父母对孩子的批评是必须讲究场合和范围的。有的批评可以在家里进行，而有的事情只适合私下进行个别批评。如果父母在批评的时候不注意场合和范围，随便把只能私下找孩子谈的问题拿到公众场合讲，就会使他当众颜面尽失，乃至激起他心中的愤恨，对问题的解决起不到丝毫的作用。父母在批评孩子的时候，应特别注意——不要随便当着孩子同学或者是客人的面批评他。否则，他就会以为你是故意让他在公众场合丢脸，出他的丑、使他难堪，这样一不小心，就会引起孩子的公开对抗，有时候还会因为你不顾场合的批评引起一场激烈的争吵，到时候也会让你下不了台。

5.对孩子太过于挑剔

当孩子犯了错误时，父母适当地批评是很有必要的，但是不要随便一件事情都要批评。对于那些鸡毛蒜皮的小问题、小毛病，只要是没有造成过大影响的事情，你就应适当采取宽容的态度，千万不要斤斤计较、过于挑剔。如果父母针对一件小事情也大肆地批评，只会使孩子变得谨小慎微，让他无所适从。他的心里甚至会产生"什么事情都不做才最好"的想法。对于有的事情，父母只要指出孩子的过错就行了，不要"鸡蛋里面挑骨头"，全盘否定他的成绩。

6.总唠叨孩子的过错

父母的批评并不是靠批评的次数多而取胜，有的批评只能点到为止。当父母批评孩子的时候，孩子的心里已经很不自在了，如果你再唠唠叨叨，重复地批评他，更会加重他的心理负担；并且孩子会在心里想，你是故意跟他过不去，把他当成反面的典型了。所以，聪明的父母在批评孩子时会点到为止，剩下的可以让他慢慢反省。你多一次批评，就会让他心里多一分反感，最终不利于问题的解决。

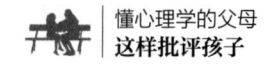

"三明治批评法",让孩子轻松接受你的批评

父母对孩子的教育,包括批评和表扬两个方面。批评是为了制止、纠正孩子某些不正确的行为。有的父母觉得孩子还小,不应该对他进行批评,结果让不良习惯在孩子身上进一步发展。不批评、不能正确批评孩子的父母无法纠正孩子的行为,有些批评之所以对孩子造成不好的影响,不在于批评本身,而在于批评的原则和方法运用不当。因此,父母应当掌握一些最佳批评技巧。

美国著名企业家玛丽·凯在《谈人的管理》一书中写道:"不要光批评而不赞美。这是我严格遵守的一个原则。不管你要批评的是什么,都必须找出对方的长处来赞美,批评前和批评后都要这么做,这就是我所谓的'三明治式'批评法——夹在两大赞美中的小批评。"卡耐基曾说:"当我们听到别人对我们的某些长处表示赞赏之后,再听到他的批评,心里往往会好受得多。"这些经验也给予父母很大的启发。当父母想要批评孩子的时候,应该事先对他的长处、优点赞扬一番,然后客观地提出批评,批评之后,父母可以再使用一些表扬的词语,或者说一些鼓励的话,这样就可以让批评在和谐友好的气氛中结束。这种前后表扬、中间批评的方式,就像是三明治,所以大家称这样的批评为"三明治式"批评。

妈妈下班回来,看见孩子正在写日记,然而作业一个字也没做。尽管很生气，但妈妈还是和颜悦色地对孩子说："在写今天的日记吗？看来宝贝每天都有好好坚持，真值得表扬。"孩子点点头，说："今天我看了一部很有意义的电影，打算写一下观后感。"听了孩子的话，妈妈恍然大悟，原来孩子看了电影啊，难怪作业没做："那就好，趁着感觉还在，就应该通过文字把情感记录下来，不过宝贝，今天作业写了吗？"孩子抬头看着妈妈说："没有呢，我打算写完日记就写作业，在晚饭之前肯定能写完，你就相信我吧。"妈妈点点头，说："嗯，妈妈相信你，以后记得先写作业，好吗？毕竟日记是业余的爱好，你可以写完作业再写的。"孩子点点头，妈妈又说："你这样坚持写日记的习惯真好，妈妈应该向你学习呢！"听到妈妈的表扬，孩子笑了。

智慧的父母，总是在批评孩子之前就先肯定他的成绩，然后真诚地向孩子提出一些需要改正的地方，当孩子从心理上接受了意见后，父母再不失时机地引出自己的表扬之词，更易于让孩子心服口服。有的父母在对孩子进行批评时会不客气地说："你真笨，我对你太失望了。"当孩子听到这样的话之后，会感觉自己已经不被父母关注了。其实，父母可以换一种方式说："你做作业一向都是最积极的，从来都是按时完成任务，这次怎么没完成呢？妈妈相信你一定是有事情耽搁了吧，我想听听你的意见。"这时再让孩子作出回答，就可以找到问题，从而更加有效地解决问题。当把这个问题谈论完之后，再表扬一下孩子的其他优点，对他写作业认真进行表扬一番，这样就可以让孩子真正了解自己的意图和想法，按照父母的意图和想法来做出行动，同时亲子之间也能保持和谐的氛围，批评也达到了目的。

从心理学角度来说，当孩子在听到批评的时候，肯定不会像听到赞美那样舒服。孩子在本能上对一些来自他人的批评有一种抵触心理，而且他们习惯对自己的行为或错误进行辩解。尤其是当孩子在某件事情作出很大努力的时候，若仅仅因为一点错误就受到批评，他的心里会更加敏感、委屈。孩子在进行自我认知的时候，确实会意识到自己的错误，但他们在行为上会试图为自己的错误进行辩解，那是因为他们认知不协调。

1. 批评在表扬的包裹下让孩子更容易接受

"三明治式"的批评方式是很符合孩子的心理适应能力的。孩子渴望来自父母的表扬，并且，表扬应该在他心里会留下比较深刻的印象，而两头的表扬起到了这样的作用，如此一来，中间的批评就显得不那么刺耳了。若父母在表扬孩子之后再进行批评，孩子就更容易接受这样的批评。

2. 以事实为根据展开批评

父母在批评孩子时要以事实为根据，这是批评的前提。如果父母事先不了解真相，或者真相与自己了解的情况有出入，就开始对孩子进行批评，这会使孩子难以接受。尤其是因为某种原因冤枉了孩子时，孩子就更难以接受批评了。所以，父母在批评孩子的时候，一定要搞清楚状况，准确掌握事实，查明原因，从实际情况出发，这样的批评才显得有理有据，不会夸张，又不会失察，孩子自然心服口服了。

3. 父母不要作主观判断

父母在批评孩子时切忌主观行事，当孩子做错一些事情的时候，不能因为自己想当然地认为事情是怎么样，就开始批评孩子，或者挑剔孩子的错误，否则就会造成一系列恶性循环——父母越来越挑剔孩子，而孩子表现得越来越差。父母应该在认真听孩子解释后再做判断，以便选择合适的处理方式。

4. 批评孩子应对事不对人

父母在对孩子批评时应预先要想清楚说什么话，所遵循的原则就是"对事不对人"，孩子哪件事有错就指出哪一件事，哪一个环节有问题就说哪一个环节，千万不能以偏概全，抹杀孩子的优点。父母批评孩子时切记，别对孩子做人身攻击，如"你笨死了，怎么做了那样的事情"等，否则会使亲子关系十分尖锐，非但无法达到批评的目的，还会产生新的矛盾。

第07章

把握批评尺度，防止摧毁孩子稚嫩的心灵

恐吓式批评，会培养出胆小懦弱的孩子

生活中，每当看到孩子不听话的时候，父母就会忍不住恐吓孩子，习惯性地说：你再这样，我就不要你了；你再这样，就给我滚出去……但是，这样的恐吓有效果吗？孩子只会在一次又一次的恐吓中丧失自信，变得胆小，乃至失去对父母的信任感。

纵观许多父母的教育方法，就会发现恐吓孩子是一种十分普遍的现象。父母们为了不让孩子去拿某些东西，或者是想让孩子按照自己的想法去做一件事，常常会采用一些夸张的方法来吓唬孩子，让孩子快点听话。

晓东平时有些调皮，父母觉得难以管教，就经常恐吓他："你再不听话，我就不要你了""你再捣乱，我就把你扔出去""你再这样，爸爸妈妈就走了，把你丢在这里"。

有一次，晓东坐在车上，半个身子都伸出窗了，妈妈训斥也不管用，就动手打了他，结果晓东哇哇大哭，这时妈妈又开始恐吓："别哭，再哭，把你扔下车。"晓东依然哭个不停，爸爸把车停下来，真的把晓东扔下了车，又开车走了一小段，直到晓东不再哭了，才掉头回来把他抱到车上。这时受到惊吓的晓东紧张不已，尽管全身还在抽搐，但已经不再发出声音，担心爸爸妈妈又把自己丢下。

父母的恐吓给晓东的身心带来了很大的伤害，长时间这样，只会让他的内心越来越脆弱。大多数父母对于恐吓这种教育方式的依赖可谓根深蒂固：父母若不想给孩子买某种零食，就说"这是药，吃了肚子会疼"；如果父母想让吵闹的孩子安静下来，就会说"再闹就让警察把你抓走"；如果父母不想让孩子去触摸某样东西，就会说"不要摸，别人会骂的"。

父母的恐吓对孩子有威慑作用，但这只能起到短暂的作用，而在孩子心中留下的阴影则是永久的，那些受到恐吓的孩子内心会留下深刻的印象，甚至直到长大之后也难以消除。大量数据显示，大部分人的心理疾病都是由于幼年时期所遭受的一些恐吓或者特殊的童年经历造成的。父母在对孩子进行恐吓的时候，根本没考虑过对孩子造成的伤害。

通常，父母会用这四种方式来恐吓孩子：

用警察恐吓孩子。这是父母们常用的手段之一，就是用威严的警察叔叔来恐吓孩子，这种方式比较现实，毕竟警察叔叔是可以看见的，但造成的负面影响是不容忽略的。假如孩子在幼年时期经常被父母用警察来恐吓，就一定会令孩子心中产生惧怕警察的心理，当孩子以后遇到困难时，可能会不敢向警察求助。

用鬼怪恐吓孩子。估计许多父母都用鬼怪吓唬过孩子，在孩子不听话的时候，父母就会搬出各类鬼怪，说"你要是再不听话，一会儿鬼怪就来把你抓走"。对年幼的孩子来说，鬼怪的威慑力是很大的，他们无从辨别真伪，一般都会相信。不过，一旦恐吓起了作用，孩子就会经常去想象鬼怪是什么样子，以至于越想越害怕，变得胆小，最终导致心理产生恐惧。

扭曲常理来恐吓孩子。有时候父母可能是想要捉弄一下孩子，于是通过扭曲常理来恐吓孩子。不过这会颠覆孩子对待这些事物的正确认知，轻则逗趣，重则会引起一些误会。所以父母不要随便扭曲常理，以免造成孩子错误的认知。

说孩子是捡来的。这是许多父母喜欢用的方式，通常在孩子调皮的时候，父母会说孩子不是自己亲生的，或者说"我不要你了"。尽管这样的话听起来可笑，但对孩子的影响是巨大的。在孩子眼里，父母就是全部的安全感，如果父母总说这样的话，很容易给孩子造成心理阴影。

父母的恐吓行为给孩子带来的负面影响是巨大的：

1.让孩子缺乏自信

父母的恐吓会让孩子认为自己一无是处，让孩子变得自暴自弃并产生自卑感。本来可以做好的事情，孩子却故意不做甚至故意破坏。这样的孩子，长大之后可能会胆小怕事，缺乏自信，自卑感越来越强烈。

2.让孩子感到恐惧

幼年时期的孩子，大脑尚未发育完善，打骂恐吓已经超出了孩子的承受能力范围，会使孩子精神非常紧张、恐惧，甚至会引发精神方面的疾病。

3.让孩子感到自己被抛弃

如果父母经常恐吓孩子，对孩子说"再不听话，我就不要你了"之类的话——尽管父母的初衷只是吓唬孩子，不过孩子会信以为真，以致长时间处于一种紧张恐惧的心理状态中，感觉随时会被父母抛弃，这样很容易造成孩子性格上的抑郁。

4.使孩子产生逆反心理

有的孩子性格很倔强，父母越是恐吓，他越是逆反起来与父母反抗，叛逆心理特别强烈。有些父母认为孩子不听话，就通过恐吓来让孩子改正，殊不知，对于那些倔强的孩子来说，越被恐吓，其逆反心理越严重。

5. 让孩子产生心理阴影

父母经常采用恐吓教育法，会带给孩子童年的阴影，让孩子缺乏安全感，这个问题会伴随孩子一生，在孩子的人生路上和家庭生活中也难以回避。相反，经常得到父母的爱抚和温言细语的孩子，会幸福感满满，为人温和宽容，充满满足感，人生也会顺利很多。

因此，在对孩子的教育中，父母要注意语言的使用，多采用积极向上的表达方法，避免因不经意的恐吓给孩子稚嫩的内心留下阴影。

冷嘲热讽会诱发孩子的暴力倾向

一位孩子在网络上提问：我从来没有感受过爱，总是被父母恶言讽刺，总是被他们"废物废物"地称呼，感觉自己快要活不下去了，我该怎么办？

"你就是一个废物！"可能许多父母都这样讽刺过孩子，或许大人只是随口一说，或者是开玩笑，不过，在孩子看来，这就是讽刺和挖苦。有些父母性格比较急躁，每当看到孩子没有完成某件事情的时候，张口就说"你怎么这么蠢""你怎么这么没出息"之类的语言，父母或许是因为恨铁不成钢，或者是无心唠叨，不过这对孩子来说则是异常地刺耳。

嘲笑讽刺本身就是刺伤他人自尊心的利剑，即便成年人听了也难以接受，更别说一个天真的孩子了。孩子自尊心更脆弱，也更容易受伤，如果父母以成年人的视角看待孩子的幼稚，哪怕只是开个玩笑——"你唱歌真难听"，孩子听了也会很难过，更别说要以嘲笑讽刺的方式去打击他。讽刺的语言会摧毁孩子的自信、重创孩子幼小的心灵，时间长了，孩子的自信心会越来越差，最终形成懦弱、胆怯的性格。

小俊觉得自己是一个笨小孩，因为爸爸就是这么说的。

正在上小学的小俊，独处时偶尔想起考试便会害怕起来，但是他确实已经尽力，每天认真听课，也很少出去玩，节假日除了参加学校的补习班外，就在家里看书写作业。不过小俊的努力从来没有获得爸爸的赞赏，反之，听到的常常是不满的训斥："你怎么这么没出息""你怎么一点儿没遗传到我的聪明呢，我以前读书都没你这么差""我对你真是彻底失望了"。

有一次，小俊语文考试成绩下滑了，当他把成绩单拿给爸爸签字时，爸爸指着出错的地方，说："你看你又犯傻了吧，不仔细读题，你这猪脑袋啊！"小俊听了非常沮丧，一连好几天都不想和爸爸说话。尽管小俊体育成绩比较好，不过爸爸说："你要是语文、数学成绩优秀就好了，可惜是体育，这简直是四肢发达、头脑简单。"小俊听了十分伤心。

父母那些讽刺挖苦的话，对一个心智不成熟的孩子来说，将是伴随一生的阴影。而且，这样的话会让孩子产生负面的自我暗示：反正我就是没出息，就是什么也做不好，那我何必好好做呢，不如破罐子破摔。其实，孩子由于经验不足，做错事是很正常的，父母需要做的就是帮助孩子找出原因，鼓励孩子做得更好。

心理学家认为，父母否定性的评价会比肯定性的评价留给孩子更深的印象。因为否定性评价常常发生于沮丧或急切的情况下，有很强劲的冲击力，所以孩子记得更深刻。孩子的个性还没有完全形成、自尊心还没有强到可以不在乎别人的评价，这时，父母的讽刺往往会产生重要影响，将在孩子的潜意识里留下很深的恶劣影响。各种嘲笑讽刺会在孩子内心深处扎根，这样的次数逐渐增多，那些讽刺就会渐渐成为孩子自我评价的标准，使孩子真的成为父母所说的那种孩子。

有时候，父母无心的嘲笑，就好似无心的催眠，这样的催眠每天都在发生，且深入孩子的无意识层面，于是孩子的人格就会按照父母所说的那样发展，孩子性格中的软弱、自卑、胆怯也会伴随而来，甚至令孩子一生无法摆脱。

还有的父母对孩子太挑剔，总是对孩子处处不满，稍有不满就唠叨不停，根本看不到孩子身上的优点。这导致他们在训斥孩子时有较强的侮辱性，大大地伤害了孩子的自尊心、自信心，也导致亲子关系变得冷漠、亲子之间互相仇视。

1. 尊重孩子的一切

相信父母也不喜欢别人强迫自己，更不希望自己的人生不自由，那么，对孩子来说何尝不是如此呢？孩子学什么专业、想考什么学校，应该是孩子自己的选择，父母只能引导，不能强迫，更不能一厢情愿地将自己的梦想强加给孩子，否则只会给孩子带来莫大的压力。

2. 珍惜孩子的爱

爱是孩子向父母表达的一种情感，父母应十分珍惜，并及时给予回应："宝贝，我也爱你。"或者给孩子一个拥抱，让孩子真切地感受到父母的感动。别总是冷漠地对待孩子，否则，时间长了，孩子就会主动疏远父母。

3. 宽容孩子的失败

父母总希望自己的孩子更优秀一些，不过，父母也要考虑到孩子的实际情况。父母太高的期望值，孩子是不容易达到的，这样一来，父母便会产生悲观失望的情绪，对孩子口出嘲笑之语。孩子的成长是一个循序渐进的过程，父母需要根据孩子的实际情况调整自己的期望值。即便孩子考得不好，也不要训斥孩子，而应倾听孩子的诉说，与孩子一起总结反思，找出失败的原因，以便于下次更好地进步。

4. 每天表扬孩子一次

有一句话是这样说的：如果你可以发现孩子身上的十个优点，那你就是优秀的父母；如果你可以发现孩子身上有五个优点，那你就是合格的父母；如果你在孩子身上连一个优点都发现不了，那你就是不合格的父母。每天在孩子身上发现一个优点，然后表扬他，这样会让孩子快速找回自信。

5. 训斥孩子之前先冷静

父母训斥孩子时说出一些侮辱性的话语，通常也是一时冲动，之后往往会觉得后悔。因此，性格冲动的父母不妨给自己立一个规定，情绪激动、要训斥孩子时，不妨冷静一下，理智面对事情，避免因说出伤害孩子的话而后悔不已。

6. 多建议，少嘲讽

如果是孩子不小心犯下了错误，父母需要多建议、少嘲讽，和孩子一起分析原因，告诉孩子下次需要多加注意，让孩子找到错误的原因。而且，当孩子开始意识到自己的错误之时，父母不能再继续嘲讽孩子，否则无疑是雪上加霜，会让孩子更加难过。父母应该记住，给孩子建议并且引导他们找出错误的原因，才能让孩子改正错误，进而赢得进步。

避免破坏性批评给孩子带来伤害

心理学家弗洛伊德认为，一个人的性情在幼年时期就已经定型，而且会影响其一生。孩子幼年的想象力、创造力都是惊人的，但随着年龄的增长，孩子的想象力、创造力会逐渐减退，这是什么原因呢？

最大的原因是父母的"破坏性批评"，这对孩子稚嫩的心灵而言，简直就是灾难性的。父母破坏性的批评会让孩子心灵受伤，这将直接导致他们出现不敢面对失败、不敢迎接挑战、害怕被拒绝，性格胆小、怯弱、缺乏自信，遇到挫折就忧虑、找借口逃避等消极行为，这些都将严重阻碍孩子身心的健康成长。或许，父母批评的出发点并没有什么错，但破坏性批评带来的后果是严重的，给孩子造成的伤害也是无法弥补的。

小伟妈妈高中刚毕业，就早早地结婚生子。但是，小伟的爸爸不仅每个月挣钱少，而且经常因为一点小事就对家人发脾气，这让原本就有些后悔早结婚的妈妈更烦躁。她渐渐地把这些不愉快的情绪都发泄在年幼的孩子身上，认为是孩子拖累了自己，如果不是因为有了孩子，自己早就摆脱了那个男人、那个家庭。

从小被妈妈谩骂的小伟，生性胆小、懦弱，在学校常常被同学欺负，小小年纪就有了"不想活"的念头。

破坏性批评的第一种表现就是批评时对人不对事，直接进行人身攻击。比如"你这个样子，长大后会有什么出息？""好意思出门吗？一点儿用处都没有"……虽然父母认为自己是一片好心，是在教育孩子，为了让孩子更有出息，然而，事实上，你的批评不仅一点儿用处没有，反而刺激了孩子的心理。

破坏性批评本来就是父母消极心态的表现，父母把自己各种不如意的消极情绪发泄在孩子身上，而孩子受到的则是双重消极影响：一方面孩子直接承受了破坏性批评的伤害，另一方面父母在孩子面前也做了一个反面示范。

破坏性批评的第二种表现就是增加孩子的内疚感。父母总是说："你要争气啊，要有出息啊，不能总这样笨啊！"这样侧面传递给孩子的信息是，"因为我不好、不争气，所以更要补偿父母。"当孩子感到他需要偿还的"债"越来越多时，他就会产生深深的愧疚感。

破坏性批评的第三种表现比较隐蔽，就是父母有条件的爱，这也会给孩子造成伤害，如"只有你做到了，妈妈才爱你"。在这个过程中，孩子知道父母的爱并不是无私的，而是附带着条件的。

父母对孩子的破坏性批评将直接摧毁孩子的自尊，增加其心理负担，使孩子在这个过程中慢慢缺失自信心，开始自怨自艾、自暴自弃、不敢做任何事情，慢慢自我设限、失去勇气、胆小怯弱。可以看出，父母采取破坏性批评的教育方式会直接伤害孩子，而过多的破坏性批评，会给孩子造成巨大的身心伤害。

一直以来，人们总是倡导以批评为主的教育方式，如"不教不成人，棍棒出孝子"，父母对孩子的批评总是多于表扬，这会使消极心态占据了上风。在孩子所有的表现中，父母总是在寻找或注意应该批评的那一面，以致形成了教育的误区。

父母的破坏性批评，主要表现为以下几种方式：

情绪失控的批评。生活中，许多父母一看到孩子做错事情就非常生气、情绪失控，对孩子大声喊叫，说话语调提高，语言速度加快，对孩子一通批评。但孩子或许并未真正听进心里去，他甚至会想："每次都是这样，听听他的话，多恶劣……"面对父母的大声怒吼，大多数孩子都明白此刻父母的情绪占据上风，自己说什么都没有用，他们只会在父母一声高过一声的质问中敷衍着，希望早点结束这一场情绪风暴。

威胁的批评。父母对孩子任性的举动忍无可忍的时候，便会威胁："你再这样，我就……"当父母用威胁、吓唬孩子的方式去批评孩子时，大多数是想得到立竿见影的效果，似乎觉得这样做可以很容易控制孩子，让其听从自己。在父母看来，威胁批评可以让孩子长记性，让孩子从内心里感到害怕，从而对这件事加深印象。但事实上，威胁的批评只会伤害孩子的自尊心，增强他对父母的抗拒心理，长时间下去将严重影响亲子关系。

念经式批评。父母经常犯的错误，就是对孩子进行念经式批评。从孩子做错的一件事，牵扯出一连串的事情，然后开始长达1~2小时的批评。其实，在这个时候，若父母反复提及孩子犯过的一些错误，孩子会非常厌烦，反而不去思考自己的错误，更希望这场批评赶紧结束。这时候，简洁的批评更容易被孩子接受，当然也更有效果。

比较式批评。在父母的批评声中，孩子们总会多出一个对手——别人家的孩子。比如，父母总会说："你看小明学习多努力，多自觉，再看看你，如果没人管你，你简直要翻天！""你看妮妮多勤快，帮家里干了多少事情，你呢，成绩不好不说，还特别懒惰！"在大多数父母眼里，总是比较容易看到别人家的孩子更努力、优秀、自信，而这种观点会给孩子带来巨大的打击，而且会使其对父母越来越失去信任。

父母批评孩子，需要掌握正确的方式，毕竟父母是孩子的启蒙老师，父母的言行对孩子有着很大的影响。

1. 注意批评的场合

在父母眼里，孩子好像永远没长大一样。实际上，孩子在进入幼儿园时就已经有自尊心了，父母看似很小的批评，若不注意语气和说话的分寸，就会伤害孩子的自尊。尤其是在人多的场合，父母若是选择当众批评孩子，会让孩子感觉很没面子，自尊心大大受挫。

2. 注意批评的态度

孩子做错了事情，父母批评的态度很重要，批评孩子哪些地方做得不对、哪些地方需要改正时，要尽量保持温和的态度。比如："宝贝，你知道吗，你这样做是不对的，妈妈希望你能改正，相信你能把这件事做好的。"这样的批评态度能让孩子更容易接受，明白自己错在哪里。

3. 不要伤害孩子的人格

父母在批评孩子时，只可以批评孩子犯错的行为，而不能涉及孩子的人格。比如，孩子在约定的时间迟到了，父母批评时最好是围绕孩子遵守时间的行为，就事论事，不要扯远了，尤其是不要批评孩子的人格，如"你看你又迟到了，像你这样不负责任的人，以后怎么办？"不妨换一种："因为什么迟到了呢？下次一定要记得调好闹钟，早点起来。"这样更容易让孩子接受。

4. 不要盲目批评

父母批评孩子要有根据，不能没搞清楚状况就胡乱批评。有时候父母可能只看到了部分事实，前因后果尚未了解清楚就开始批评孩子，这是不妥当的，很容易引起孩子的逆反心理。父母一定要了解事情的整个过程，再进行定论，千万不能没搞明白情况就责怪孩子，否则，一旦错怪了孩子，就会给他造成心理负担。

5. 告诉孩子自己的感受

父母批评孩子时也需要讲究技巧，因为直接的批评会增加孩子的逆反情绪。父母可以一边批评，一边向孩子表达自己的感受，让孩子知道你的情绪状态，如"妈妈并不是在批评你，只是你这么做，妈妈很担心你上当受骗，所以才生气"。当孩子听到这样的话时，他会很容易接受批评的。

6. 说出自己的期望

当父母坦诚了自己的情绪状态后，孩子知道了父母的关心，也意识到自己的错误，内心便会感到愧疚，此时父母便可以向孩子说出自己的期望。比如，"妈妈希望以后你在作每个决定时跟我说一声，我至少可以给你一些建议，然后你再决定做不做"，在这样的状态下，孩子是很容易接受父母批评的。

7. 帮助孩子改正错误

批评之后，还需要孩子学会改正错误，这才能达到批评的目的。当孩子承认错误之后，父母要正面引导孩子，告诉孩子改正错误后有哪些好处，对他有哪些帮助。比如，"当你可以独立自主地作决定以后，妈妈就很放心你未来的人生"，这样会让孩子更深刻地感受到父母的批评是为自己好，让孩子不抗拒，愿意去承认错误、改正错误，然后逐渐成长。

冷暴力会给孩子带来极大的伤害

许多家庭在教育孩子过程中存在着家庭冷暴力，不用棍子打、不体罚，而是采用嘲笑、讽刺、冷漠等方式，这将直接影响孩子性格的成长。许多孩子在物质上是富裕的，而在精神上却是不快乐的。除了学习剥夺了他们部分快乐时光外，家庭冷暴力也会让孩子陷入消极情绪中。有的父母在教育孩子的过程中，不自觉地就会采取冷暴力的方式：对孩子态度冷漠，经常不搭理；有的父母对孩子期望值过高，常常把孩子说得一无是处。

家庭冷暴力是暴力的一种，它的表现形式为冷淡、轻视、放任、疏远和漠不关心，导致孩子精神上和心理上受到侵犯和伤害。在现实生活中，有些父母总是用自己的想法来要求孩子，一旦孩子达不到自己的要求，便对孩子冷眼相对、不理不睬。心理学家认为，父母的冷暴力会令孩子的成长之路蒙上一层阴影。

有时候，父母因为感情失和也会爆发冷战，这时孩子作为第三者往往会成为冷暴力的受害者。父母经常会对孩子说"你别来烦我""你跟你妈妈一样，都不是省油的灯"，以此来打发孩子，结果无意中伤害了孩子。尤其是单亲家庭，父母疏于与孩子亲情沟通，有的父母由于感情的失败而长期情绪抑郁，夜不归宿，即便回到家，也不怎么和孩子说话，虽然同处一个家中，却好像陌生人一样，这样的家庭暴力是极其明显的。

心理学家认为，尽管天下没有不爱孩子的父母，父母所有的决定都是为孩子好，并不是有意伤害孩子，但最后的结果并不会尽如父母所想。面对冷暴力，孩子未必可以理解父母的良苦用心，他们只会被这种暴力伤害得更深。

当然，杜绝冷暴力最好的方法是良好的沟通，只有亲子之间建立良好的沟通渠道，父母才能更好地引导孩子。作为父母，我们应该对自己提出较高的要求，有耐心，讲究教育方法，不能随意对孩子使用冷暴力。

1. 欣赏孩子的长处

孩子是父母的镜子，孩子身上的问题实际上折射出的是家庭教育的缺失。有的孩子并不像父母所说的那样一无是处，尽管有的孩子学习成绩比较差，但他可能比较自律，可能很有正义感，然而，父母从未欣赏过孩子的优点，只是一味给孩子提要求。实际上，指责并不能让孩子进步，父母应多些温暖的笑脸和贴心的鼓励，这才是孩子最需要的。

2. 了解孩子、关注孩子

父母需要了解孩子，用平等的沟通代替冷暴力；平时多关注孩子的情感需求，尊重孩子的个人选择；及时鼓励孩子好的改变，对于孩子的缺点和弱点，需要就事论事，多引导、多帮助。

3. 采用积极的沟通方式

父母需要采用积极的沟通方式，在有矛盾时做主动、坦诚的沟通，将矛盾有效化解。积极的沟通方式不但有益于感情交流，同时有利于心理健康。父母是孩子的第一倾诉对象，父母应该对孩子敞开心扉，只有父母对孩子敞开自己的心扉，孩子才会对父母说真心话、内心话。假如父母总是对孩子实施冷暴力，孩子就容易患上如孤独症之类的心理疾病。

4. 避免用消极情绪对待孩子

若父母对孩子的期望值越来越高，当看到孩子没有按照他们设计的模式发展时，他们就会着急了。父母认为孩子应该拿出成绩，而一旦孩子的成绩没有达到自己的标准，父母就会拉下脸来。若孩子在很长时间内看不到父母的笑脸，长此以往，就会让孩子的性格发生改变。作为父母，我们需要好好反思，即便孩子表现不好，也不要一味责怪，而是需要试着与孩子一起分析失败的原因。即便孩子学习成绩不好，父母对孩子也要鼓励大于指责，用关爱的语言感化孩子。

5. 父母的期望需要契合孩子的发展水平

父母的期望要适合孩子的发展水平，不能不切实际。另外，父母的期望需要全面一点，不能只局限在学习上，也要顾及性格，比如，期望孩子成为一个善良、正直、善于与人相处的人。

体罚会对孩子造成难以磨灭的心理阴影

孩子的成长过程总伴随着错误，这时候，为了帮助孩子认识到自己的错误，父母应正确地运用惩罚，这不仅能促进孩子的身心健康，还能够培养出孩子良好的学习和生活习惯。这种情况下，孩子会明白父母的惩罚是因为爱，也能够理解或者认可这样的方式，他也会改正错误，变得越来越乖巧与懂事。

然而，很多父母认为，孩子是父母的私人物品，认为打骂孩子是天经地义的事情。当孩子不听话、贪玩、说错话、做错事或者学习成绩不好时，父母就对孩子进行打骂、体罚等惩罚，而且，许多父母的思想里仍秉持着"棍棒之下出人才"等错误观念。

在这样的陈旧观念之下，父母面对孩子的错误，常常会进行一系列的体罚，事后他们还能够找理由说服孩子："打你是因为爱你。"其实，对于聪明活泼的孩子来说，体罚带来的危害与影响是异常严重的。回顾这些年的新闻，每一年都有因体罚事件而酿成的惨剧，这值得每一位父母深思。

回家路上，爸爸收到了一条老师发来的短信：这次考试的试卷已经发下来了，希望各位家长引导孩子纠错。短信后面还附上了孩子的考试成绩，爸爸觉得很纳闷，昨天自己还问孩子最近考试没有，当时他可是一个劲儿地摇头，这是怎么回事呢？

晚上回到家，爸爸问了一句："宝贝，不是到期中了吗？学校考试没有呢？""没有，老师说取消期中考试了。"孩子低着头。听了这话，爸爸有点生气了，明明给了你承认错误的机会，谁想这孩子还是不肯承认。"那怎么你们老师发了成绩的信息呢？"爸爸厉声问道。孩子惊讶地抬头，知道事情败露了，他更不知道说什么好了。"去把试卷拿给爸爸看看，快去。"爸爸生气地吩咐。孩子拿来了卷子，爸爸看着那试卷上的分数，赫然发现本来78的分数被改成了88分，爸爸拿出自己的手机翻看了一下，确认本来成绩就是78分。

爸爸瞪着孩子，知道他偷偷修改了分数。爸爸顺手拾起手边的衣架就开始打孩子，一边打一边骂："让你成绩不好！成绩不好还知道骗人了，好的不学，偏学那不好的，我今天非打你不可……"

体罚是一种无能的教育方法，根本无法从根源上解决问题，它只会强化孩子的逆反心理。体罚的粗暴也造成了父母与孩子之间的隔膜。另外，体罚还容易造成孩子性格的孤僻，极易令其形成自卑、胆怯等不良心理品质。

前苏联教育学家苏霍姆林斯基曾经这样说过："不用理智、温柔的良言善语，用皮带抽和打耳光，如同对雕塑对象不用雕刻家的精巧雕刀，而动用了生锈的斧头。"父母在教育孩子的过程中，有无数的夸奖，也会有必要的惩罚，但是，对孩子的惩罚必须建立在爱的基础之上，而不能盲目动用惩罚。

如果孩子长期处于遭受体罚的压力中，他就会心生反抗情绪，无论父母说什么，孩子都不会顺着你的意愿去做，反而处处与父母作对，这对于教育本身来说毫无帮助。所以，父母应该摒弃体罚的观念，以爱心和耐心来引导孩子走出错误的泥潭，促进孩子身心健康发展。

1. 呵护孩子的自尊心

随着孩子年龄的增加,他们的一个重要的心理特征会越来越明显,那就是他们的自尊心越来越强。而父母的体罚很容易让孩子的自尊心受到严重的打击。有的孩子在长期的体罚之下,变得越来越"皮",这其实就源于孩子自暴自弃的心理状态。因此,随着孩子一天天长大,父母需要做的就是呵护孩子的自尊心,即便面对孩子的错误,也要正确引导,千万不要采取体罚的方式。

2. 多一点爱心,多一点耐心

孩子对这个世界充满好奇心,因而他们在成长的道路上免不了会犯一些错误,父母要对孩子的犯错给予理解,并做好充分的心理准备。面对孩子的错误,父母要多一点爱心,多一点耐心,尊重孩子,理解孩子,赢得孩子的信任,与孩子做朋友。同时,让孩子意识到自己错误的原因与后果,给孩子一个重新改正的机会。这样,孩子一旦认识到了自己的错误,就会接受父母的批评和帮助,也会体会到父母的爱。

3. 冷静处理孩子的无心之过

大多数时候,孩子犯错是无心的,在孩子的思想里,他不觉得自己错在哪里。这时候,父母不应该随便发火,而应明确地告诉孩子,这样做是不对的,从而引导孩子正确的行为,不仅让孩子受到表面的"批评",也让孩子体会到父母内心的"爱"。时间长了,孩子就会明白,在自己不知道该怎么去做的时候,最好是向父母请教,这样就减少了犯错的机会。

4. 坚持"事不过三"的惩罚原则

父母在教育孩子的过程中,惩罚是一种必不可少的方式,但它和体罚是完全不同的。如果孩子做了错误的事情,父母可以采用"事不过三"的惩罚原则。当孩子第一次犯错时，父母应温和地告诉他，让孩子明白自己错在哪里，所引起的严重后果是什么；第二次犯错，父母应该严厉地批评，再一次警告，耐心教导；第三次再犯错，就应该让孩子受到相应的惩罚了，并且要说到做到，不能让孩子存在侥幸心理。这样也可以让孩子知道，同一个错误不能犯两次，从而让孩子养成主动认错、自我反省的习惯。

第08章

树立正确观念，
让孩子认识行为的是非对错

批评时不要拿其他孩子来和自己的孩子比较

生活不如意十之八九，每个家庭的生活都会有些不如意，当妻子感到对生活不满意的时候，就总是埋怨丈夫。这样的埋怨，常常换来丈夫的反唇相讥，由此，家庭大战就爆发了。这样的情形，在夫妻生活中时有发生。其实，不仅仅是夫妻之间，父母对孩子，也常常犯同样的错误，就是把孩子和其他孩子进行比较，尤其是会拿孩子的弱点和其他孩子的优点进行比较。

以自己的短处，比他人的长处，这是一种非常愚蠢的做法。尽管大多数人都不愿意承认自己是愚蠢的，但是这样的蠢事他们却时常会做。尤其是拿孩子的短处比其他孩子的长处，父母在这么做的时候，一定想不到这样的做法会给孩子带来多大的伤害。孩子的自尊心很脆弱，需要父母小心地呵护，精心地培养，孩子才会更加有自信。如果父母总是一次次地揭开孩子的伤疤，把孩子的弱点暴露在他人面前，那么，孩子如何能够树立自信呢？最坏的结果是，孩子非但信心全无，而且还会自暴自弃。后果如此严重，父母们，赶快反思自己的做法吧，千万不要犯了亲子教育的这条大忌！

玉玉和萌萌家住楼上楼下，再加上她们俩是同学，所以玉玉妈妈张嘴闭嘴就会把玉玉和萌萌比较。这次期中考试，玉玉又没考好，萌萌却考了全班第三。妈妈看着女儿的成绩单，说："玉玉啊，你怎么总是考不过萌萌呢，这让爸爸妈妈的脸往哪里搁啊！你看看，你爸爸是萌萌爸爸的领导，咱们家哪方面不比他们家强呢！就是你拖后腿！"看到妈妈不满的样子，原本觉得没考好很愧疚的玉玉，居然反驳妈妈："你觉得萌萌好，去找萌萌当女儿啊！你觉得我给你丢人了，我这就走，离开这个家，省得你们看我不顺眼。"看到玉玉真的收拾东西要去爷爷奶奶家，妈妈不由得紧张起来。她拦住玉玉，说："你这个孩子，怎么不分好坏呢？！妈妈说你，还不是为了你好吗？你学习好，将来考个名牌大学，你自己不也享福吗？"玉玉不以为然地说："你才不是为了我好呢！你根本不爱我，你爱的是你的面子！你让我学习好也不是为了我，是为了你的好名声！"看到女儿如此误解自己，妈妈也伤心起来。

后来，妈妈把这件事情告诉爸爸，爸爸责怪妈妈："前些年，你总是说我比不上谁谁，现在，你又开始说女儿，你这完全是虚荣心在作怪啊。你总是把女儿和萌萌比较，女儿怎么会不伤心呢！你应该看到女儿的优点，她舞蹈那么好，也许以后会考上艺校呢？萌萌虽然学习成绩好，但是没有任何艺术细胞啊，气质哪里有咱们女儿好呢！而且，女儿除了学习上不够优秀，平日里那么乖巧懂事，也很孝顺，这不都是优点吗？"妈妈听了爸爸的话，才知道自己自作主张比较，对女儿伤害多么大。第二天，她真诚地向女儿道了歉，并且说出了女儿的很多优点。最后，她告诉女儿："玉玉，爸爸妈妈永远都是爱你的。在爸爸妈妈心里，你是最优秀的。妈妈以后不会再拿你和别人比较了，因为谁也无法取代我的女儿。"从此之后，玉玉和妈妈的关系越来越融洽了。

教育专家指出，许多父母看不到孩子的进步，总喜欢拿自己孩子的某个方面与更优秀的孩子比，结果是越比越不满意，这样下去孩子的压力也与日俱增。其实，孩子最好是不要比的，即便要比较，也应纵向比，而不是横向比。

1. 用发展的眼光看待孩子

父母应该用发展的眼光看待孩子，允许孩子犯各种错误。不过父母要及时帮助孩子改正，不要等想起孩子以前所犯过的错误，现在自己有时间了就开始教育孩子，这其实违背了教育的及时性，无论父母怎么说，孩子也不会听你的。

2. 等待孩子慢慢成长

父母要学会等待孩子的成长，孩子毕竟还很小，他的想法不可能跟大人一样。父母要允许孩子有自己的想法、做法，孩子达不到父母所设定的理想层次是很正常的，因为孩子毕竟还小，等长大了，见识多了，他就会慢慢地纠正以往那些不足的地方。

3. 了解孩子的想法

父母要学会和孩子共同探讨一些问题，从而了解孩子的想法，引导孩子的思维，同时激发孩子对知识的渴望，允许孩子说出一些稀奇古怪的想法，让他自己去找资料验证，或者父母给孩子提供资料。

把孩子和其他人比较，父母的初衷当然是激励孩子更加努力，赶超他人。然而，一味贬低自己的孩子，突出其他的孩子，会让孩子稚嫩的心灵误以为父母因为自己不够优秀不爱自己。不管采用何种方式教育孩子，一定要让孩子确信，父母永远爱他。

父母们，如果你们还在使用比较的方法激励孩子，那就要从现在开始，赶紧瞪大眼睛发现孩子的优点，好孩子都是夸出来的！

教会孩子正确的道理，比批评惩罚更重要

在这个世界上，有人从未犯过任何错误吗？当然没有。没有任何人是完美、绝对正确的。只要是人，就总会犯错误。如果认可这个道理，你还能要求孩子不能犯错误吗？孩子完全有理由也有权利犯错误，孩子就像是一张纤尘不染的白纸，对于成长，他们从未知晓，也无理解。因此，除了父母的指引之外，他们只能在摸索中前行。对于一个在实践和摸索中努力成长的孩子，我们有什么理由要求他不犯错呢？别说孩子会犯错，即使我们作为成人，也经常会犯错。毕竟，时代在发展，社会在进步，只有不断探索，人们才能跟得上世界日新月异的脚步。曾经有人说，成功就是一次又一次的失败积累起来的。我们也要说，正确的经验，也是通过一次次错误的摸索总结出来的。

孩子的错误有时很可爱，例如，很多孩子喜欢喝牛奶，看到白色的液体，他们就会以为是香甜的牛奶。再如，孩子很爱吃糖，所以医生就会把很多小药丸也做成糖果的样子，再包上糖衣，让孩子们高高兴兴地把它吃下去。不过，随着孩子越长越大，他们探索的脚步越走越远，涉足的地方也更加广泛。在此期间，他们还是会不停地犯错。因为他们尚且不知道危险为何物，所以父母这段时间是最为紧张的，他们甚至必须寸步不离地跟着孩子，才能保证孩子的人身安全。长大之后，孩子懂得的道理越来越多，然而这依然无法阻碍他们犯错。很多错误他们都是明知故犯，这是最让父母生气的。因为根据父母给他

传授的道理和讲述的经验，他完全可以绕过一段弯路，让自己少受伤害，但是他偏偏要以身试险，很有不到黄河心不死的勇气。其实，对于孩子的成长来说，这段过程同样是必不可少的。对父母说的话，他们总是半信半疑。既然如此，在结果可控的情况下，为什么不让孩子拥有更多的机会实践呢？事实上，孩子只有不断犯错，才能更快成长。

翔翔是个很乖巧的孩子，一向都很让妈妈省心。对于妈妈说的话，他都能牢牢地记住，并且按照妈妈的提示去做事。不过，翔翔只有五岁，正处于对一切事情都很感兴趣的阶段。所以，虽然妈妈告诉他强力胶不能涂抹到手上，他还是趁妈妈不留神亲自试验了。

果然，他涂抹少量胶水的大拇指和食指粘到一起了，很牢固，他紧张地使劲拉扯，也没有丝毫松动。他很害怕，不由得大哭起来。一则，他害怕手指再也弄不开了，二则，他害怕妈妈会批评他。不想，看到翔翔哭花的脸，妈妈居然哈哈大笑了起来。翔翔不明白妈妈的意思，担心地问："妈妈，你是不是要揍我？"妈妈看到翔翔那么紧张，温柔地说："不会的。妈妈不会揍你。妈妈只是看到你的样子，就想起了自己小时候把手指粘起来的情形。""啊，妈妈小时候也把手指粘起来啦？"翔翔很惊讶。妈妈毫不犹豫地回答："当然，和你一样，把大拇指和食指粘了起来。""那你是怎么把手指弄开的呢？"翔翔迫不及待地问，听妈妈说不会揍他，他最担心的问题就变成了弄开手指。妈妈故作神秘地说："我用水冲洗了！不过——"翔翔紧张地看着妈妈，妈妈继续说："不过，没有用。"翔翔这才不好意思地说："我刚才也用水冲了，也没用。那么，你的手指后来到底怎么分开的呢？""别紧张，它自己会分开的，也许你睡一觉，明天早晨就开了。"妈妈不以为然地说。

看到妈妈始终没有批评他,翔翔反而有些不踏实。他问妈妈:"妈妈,你为什么不批评我,我犯错误了呀!"妈妈笑着说:"我知道你犯错误了呀,不过小朋友都会犯错误。我想,你犯过这次错误之后,一定不会再犯同样的错误了吧!"翔翔点点头,说:"嗯,我肯定不会再把手指粘起来。这下,我可知道强力胶的厉害啦!"

翔翔说得很对,他以后肯定不会再次因为好奇而用胶水把手指粘起来了。这也是妈妈没有批评他的原因,既然事情已经发生,孩子也认识到错误,为什么还要批评他呢?很多时候,批评除了让孩子的心情更加紧张和糟糕外,根本于事无补。既然如此,不如友善地告诉孩子道理,孩子一定会牢记于心。

父母们,你们是否也曾被孩子犯下的啼笑皆非的错误弄得很尴尬呢?不管怎样,孩子犯错多数是因为他有一颗好奇心。原谅他们的好奇心吧,因为好奇心永远是孩子探索未知世界的原动力。

一味批评，不如传输价值观

在孩子的成长过程中，从一张纯洁无瑕的白纸，到一张绚烂多彩的蓝图，再把这些蓝图都变成实际的生活，需要经历漫长而又艰辛的过程。有人说命运是注定好的，任由谁也无法改变。然而，作为现代人，我们更愿意坚信命运掌握在自己手中，自己才是命运的主宰。既然如此，拥有怎样的人生，也就是可以争取和努力的了。孩子的成长看似漫长平淡，实则暗流涌动。很多时候，父母不经意间的一句话，就会改变孩子的人生。因此，说当父母是每个人一生之中最伟大和最艰难的事业，真是丝毫不为过啊。想想看，你轻描淡写的一句话就会改变孩子的一生，那么你岂不是变成金口玉言了吗？这句话说到点子上了。对于无比信赖和依赖父母的孩子而言，父母的话就是金口玉言。在进入学校之前，孩子就是通过父母去了解和感受生活的。在染黄则黄的时期，父母树立了孩子对于这个世界最初的感受和想法。很多父母总是愁眉苦脸地生活，孩子长大之后也不会积极乐观。与此相反，很多父母不管在生活中遭受多少磨难都始终信心满满，那么孩子日后也不会动辄灰心丧气，万念俱灰。这也就是我们平日里所说的家庭环境对人的影响。

很多父母虽然对孩子的教育特别重视，花费重金给孩子买好学区的房子，送孩子上名校等，却丝毫不注意自身对孩子的重要影响。毫不夸张地说，良好的家庭教育和家庭氛围，比孩子上名校重要得多。有的时候，父母的一句

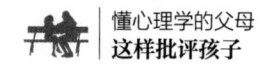

话对于孩子的一生都会产生难以抹除的影响。与其把教育孩子的希望都寄托在学校和各种水平参差不齐的培训班，不如父母多多提升自己。

很久以前，有个牧羊人特别穷，家境贫困。他有两个活泼可爱的儿子，他们都很聪明。有一次，牧羊人带着孩子们去山坡上放羊。羊儿找到水草肥美的地方吃草，牧羊人带着孩子们躺在草地上晒太阳。突然，天上有一群大雁飞过。这时，一个孩子说："爸爸，人能飞起来吗？要是我也能像鸟儿一样飞到天空中，那该多么好啊！"牧羊人笑着说："当然可以啊！人类也是有翅膀的，你可以飞着试试。"孩子们欢呼雀跃地尝试着想要飞起来，不想，他们努力了好几次都没有成功。爸爸也在尝试，当然，他也失败了。看着孩子们沮丧的样子，爸爸毫不气馁，鼓励孩子们说："你们还小，翅膀还没长好呢！爸爸又太老了，飞不动了。等你们再长大一些，就一定能飞起来。"后来，牧羊人还用辛苦挣到的钱给孩子们买了个玩具。这个玩具很简单，有一个橡皮筋，只需要借助橡皮筋的力量弹一下，小木块就会飞到空中。孩子们特别喜欢这个玩具，在他们稚嫩的心里，小木块都能飞到天上，更何况是他们呢！长大之后，他们始终不忘飞天的梦想，最后终于梦想成真，造出了世界上第一架飞机。他们就是莱特兄弟，正是因为父亲的话，他们的一生都变得与众不同了。

作为美国登上月球的第一个人阿姆斯特朗，他的登月行为也绝非偶然。他出生于1930年8月5日，在很小的时候，他就喜欢在夜晚仰望星空。在一个晴朗的夜晚，他看着天空中的星星，不停地纵身跳跃。妈妈正在洗碗，听到他蹦蹦跳跳的声音，不由得问："宝贝，你在干什么呢？"他大声地告诉妈妈："妈妈，我想跳起来，跳到月球上看一看。"这时，妈妈丝毫没有感到惊讶，而是笑着对他说:"真的啊,那可太好了。你去月球上看完之后,一定要记得回来啊!"

在第一个实例中,爸爸的话在莱特兄弟心中种下了飞天的梦想。正因为如此,他们长大之后在发明飞机的路上虽然受到了很多挫折,经历了无数次失败,却从未放弃过。至于阿姆斯特朗的妈妈,回答则更加机智和巧妙。"记得回来"这句话给予了阿姆斯特朗信心、希望和勇气。

爸爸妈妈们,在和孩子交流的时候,一定要多多注意,不要折断孩子梦想的翅膀啊!

偶尔的沉默，比严厉批评更有效果

当我们的身体受到伤害时，我们一定会感到疼痛。根据伤害的程度不同，疼痛也分成不同的等级。和我们一样，孩子在犯错之后，心里也会感到难过，尤其是当他意识到自己的错误时。如果他感到很惭愧，已经进行了深刻的反思，那么，我们还有必要大声呵斥或者责骂他吗？这个时候进行严肃的批评教育显然是不合时宜的，孩子或者会为了维护面子而拒不承认，或者会为了维护自尊而表现出毫不在乎，甚至，他们会公然反驳我们的言论，明明知道是自己错了也拒绝认错。孩子也是有自尊的，只有爱护他们的自尊，他们才会更加自省，内敛。很多父母一旦发现孩子犯错，不是打孩子就是骂孩子，毫不顾及孩子的尊严。有这样的父母，孩子难免会变得散漫、暴躁、叛逆……其实，很多时候沉默才是最严厉的批评。

沉默就是把错误推到孩子面前，让他们真正地自我反思，深刻认识错误。如此一来，他们怎么还会再犯呢？

孟子小时候很贪玩，每天放学之后都和小伙伴一起玩到很晚才回家。有一次，他放学之后又准备去玩，途中路过家里，便走进院子，想把书包放回家。这时，正在织布的妈妈问他："今天学习怎么样？"孟子毫不在乎地随口回答："和昨天一样。"

看到孟子对学习一点儿也不追求上进，妈妈很恼怒。她一句话也没有说，而是拿起剪刀，当着孟子的面，把刚刚织好的布匹整齐地剪断了。孟子很害怕，不知道妈妈为什么这么做。妈妈严肃地说："你在学习上一点也不用心，就像布被我剪断一样，知识不连贯，变得毫无用处。为了拥有好名声，让自己学识渊博，品德高尚的人总是勤奋好学。正因为如此，他们才有见识，安稳度日。即使做什么事情，都能够高瞻远瞩，躲避灾祸。如今，你既然不思进取，以后肯定要做苦力活，而且还终将惹上灾祸。"听了妈妈的话，孟子这才意识到了问题的严重性。在此之后的几天，妈妈始终不和孟子说话，这让孟子更加反思自己哪里做得不够好。从那以后，他变得非常勤奋，每天废寝忘食地读书学习，最终学有所成，成为一代圣人。

在中国的教育史上，孟子的母亲留下了很多值得后人借鉴的教育方法。如果当时不是她狠心剪断自己辛辛苦苦织好的布匹，也许就没有孟子后来的成就。正是利用"沉默"的方法，孟母才让孟子意识到了自己的错误，进行了深刻的自我反省。音乐艺术上有"此时无声胜有声"的绝妙表现，教育上同样有"此时无声胜有声"的妙招，这就像是水墨画的留白，能够给人以无穷无尽的想象空间。

父母们，在教育孩子的时候，你们是选择喋喋不休、惹人生厌呢？还是选择适时保持沉默，让孩子们自己去思考，去反省呢？聪明的父母，一定会做出正确的选择。尤其是对于比较自觉、懂事的孩子，这种"沉默"的教育方法，往往更能起到良好的效果。

孩子犯错了，父母也要反思自己的不妥之处

在陪伴孩子成长的过程中，很多父母都本能地爱着孩子，但是在与孩子相处的过程中，他们却总是在不知不觉间想要控制和改变孩子。几乎每个父母都会对孩子的行为、态度、情绪、心理等有或多或少的不满意，他们最直接的反应就是要改变孩子。孩子在自我意识没有觉醒之前，独立性也很差，所以必须依靠父母的精心照顾才能健康成长。但是随着渐渐长大，孩子的自我意识不断觉醒，个性越来越强，作为逐渐走向独立的生命个体，孩子更加强烈地渴望摆脱父母的束缚，转而奔向自由的成长和未来。

在亲子关系的经营中，父母很容易忽略一件至关重要的事情，那就是要想先改变孩子，首先要改变自己。父母对于孩子的管教，和对孩子成长的引导，绝不是通过简单的叮嘱、督促就可以实现的，更不是声色俱厉地斥责孩子就能帮助孩子进步的。所谓"己所不欲，勿施于人"，如果父母本身的行为习惯不好，那么就无法对孩子起到督促的作用，再怎么促使孩子改变也往往收效甚微。正如人们常说的，父母是孩子的第一任老师，也是孩子最佳的榜样。当父母以身作则，就可以潜移默化地影响孩子，也让自己在教育和引导孩子的时候拥有更强大的说服力和影响力。尤其是很多父母对于亲子关系感到头疼，更不知道如何更好地与孩子相处，想要引导孩子，改变孩子，就一定要先从改变自己做起，才能有效改善亲子关系，也才能让很多事情水到渠成得到解决。

每天放学回家，斯诺都会看电视。一开始，斯诺只是在放学到家之后看半个小时电视就写作业，后来他要求看到吃完晚饭，才认真写作业。后来，斯诺吃完晚饭也不想写作业，借口需要消化一会儿，继续看电视。对于斯诺的表现，妈妈很不满意，几次三番批评斯诺："你这个孩子越来越得寸进尺。谁家孩子不是放学第一时间就写作业呢？你以后如果不写作业，就不要吃晚饭。"斯诺不以为然："妈妈，谁不喜欢看电视啊！你不也天天看电视吗？你能看，我为什么不能看？"妈妈的确是个电视迷，当即反驳斯诺："我当然能看，但是你不能看。因为我是大人，你是孩子，孩子要以学习为主。"斯诺撇撇嘴："但是孩子也需要休息，和你一样。"妈妈无语。

妈妈不管怎么管教斯诺，斯诺依然无法抗拒电视的魅力，他不但喜欢看动画片，还常常和妈妈一起看电视剧呢！后来，爸爸看到斯诺对于电视到了痴迷的程度，当即对妈妈提出要求："以后你也不要看电视，这样斯诺也就没电视可看了。"爸爸把电视的电源线拔掉，收了起来，这样一来，斯诺即使想看电视也没得看，而且对于妈妈禁止看电视的要求，斯诺也无话可说。一段时间之后，斯诺改掉了看电视的坏习惯，妈妈为了斯诺，也很少看电视。因为没有消遣，妈妈便喜欢上看书，结果却有了意外的收获：斯诺也在妈妈的影响下渐渐对阅读产生了兴趣。

在这个事例中，显而易见，父母爱看电视，孩子也爱看电视。父母爱看书，孩子也耳濡目染，喜欢上了看书。对于父母而言，与其一味强求孩子改变，不如以身作则，从自我做起，这样才能最大限度发挥对孩子的影响力，让孩子在潜移默化中向父母学习。

孩子是父母的镜子，孩子的一切问题，在父母身上都能找到原因。当然，这里不是说父母的作为直接决定了孩子的言行举止，而是告诉每一位父母，既然身为父母，就要做到言传身教，就要承担起作为父母的责任，才能既照顾好孩子的身体，也引导孩子的心灵和成长。如果父母认真细心，就总能从孩子身上找到自身言行的折射。所以，与其把过多的注意力用于关注孩子，还不如更多关注和反思自身，从而起到提升和完善自己，给孩子做好榜样的作用。

不可否认的是，家庭环境对孩子的影响是非常深远的。孩子出生之后，父母要为孩子营造良好的家庭环境，不但要让孩子吃饱穿暖，衣食无忧，更要让孩子以品质高洁、行为规范的父母为榜样。民间有句俗话，叫作"上梁不正下梁歪"，就是说父母对于孩子的言传身教，将会对孩子的成长起到巨大的影响。至于引导孩子朝着好的方向发展，还是走上偏路，很大程度上由父母决定。

让孩子明确行为的边界，培养敬畏之心

规则能够帮助孩子确定行为的边界，在日常生活中，很多孩子之所以会闯祸，就是因为他们不知道自己的行为会引起怎样的后果，也无法准确界定自己行为的边界。确定行为的边界很重要，这样才知道哪些事情可以做、哪些事情不能做，也才能知道自己的能力有多大。

很多孩子都不知道行为的边界在哪里，所以才会陷入危险，违法乱纪，还会发生很多因为小小的矛盾大打出手引发严重后果的事情。这些人都不知道自己的行为边界在哪里，因而表现出不可一世的样子，做什么事情都很冲动，不能有效地约束和管理好自己。父母有责任让孩子知道行为的边界，只有这样，孩子才能更好地进行自我管理，进行自我约束，也避免自身的行为给他人带来严重的影响和伤害。

父母在孩子面前树立权威很重要，因为唯有如此，孩子才会接受父母为他们制定的规则，也才愿意自觉地控制自己在允许的行为边界内活动。美国儿童心理学家杜布森博士经过研究发现，一个孩子如果在十五岁之前就能够成功地反驳父母，也能够反对父母的权威，那么他会始终藐视父母，对父母的言行举止都不以为然。这是为什么呢？因为孩子已经在父母面前拥有了优越感，而且会认为父母软弱和无能。在这样的局面下，面对孩子的挑衅，父母除了奋起迎战外根本没有其他的选择。这不是为了在与孩子的唇枪舌剑中分出胜负输

赢,而是为了确立自己在孩子心目中的地位。父母要想得到孩子的信任,就要先得到孩子的尊重,所以向孩子证明父母是正确的、值得信赖的至关重要。

父母与孩子之间建立相互尊重和信任的关系,他们的矛盾就会越来越少。他们更多地采取沟通的方式表达自己的想法、见解,采取协调的方式来中和彼此的想法,让彼此达成一致。与父母交往的方式,不仅关系到孩子与父母的相处,也会影响孩子日后与他人的相处。如果孩子总像是一只斗志昂扬的公鸡,怎么可能处理好人际关系呢,也不可能让自己的言行都在界限之内。

要想让孩子明确行为的边界,父母就要培养孩子的敬畏之心。俗话说,"无知者无畏",这不是因为无知者真的很勇敢,而是因为无知者压根不知道自己应该害怕什么。作为父母,一定要让孩子有所畏惧,这与培养孩子坚强勇敢的品质并不冲突。怀有敬畏之心的孩子,不会肆无忌惮地去做很多的事情,而是会更多地考虑到事情的结果,以及事情将会给他人带来怎样糟糕的体验和无法承受的伤害,这样一来,他们对于边界的把握也会更好。

看着妈妈中午做了面条,阿智很生气,嘟着嘴巴说:"又是面条,真难吃,我不想吃!"爸爸看着阿智的样子,提醒阿智:"注意你和妈妈说话的语气。不管什么食物,都是爸爸妈妈辛苦挣钱才买来的,还是妈妈辛辛苦苦在厨房里挥汗如雨做好的。你可以不吃,但是不能嫌弃!"阿智去看动画片。爸爸一边吃饭,一边大声称赞妈妈:"哇,面条下面居然有一个荷包蛋哎!再加上香菇肉丝和油菜做的卤汁,我一定要吃上两碗才行!"这个时候,阿智有些动摇:"居然还有香菇肉丝和油菜的卤汁,我刚才怎么没看到呢!"阿智心不在焉地看电视,很希望爸爸妈妈能喊他吃饭。然而,爸爸妈妈有说有笑地吃着,没有人来邀请阿智。

看到爸爸妈妈吃完饭,阿智十分绝望,拿出一个面包准备吃。这时,爸爸对阿智说："你没有吃饭，不允许吃面包，因为我觉得你根本不饿，既然连饭都不想吃，也一定没有肚子吃面包。"阿智无奈地放下了面包，妈妈心疼阿智，为阿智热了一碗打卤面。然而，阿智还是不想吃面条。爸爸说："你依然有权利选择不吃，但是在晚餐之前，不许吃任何东西。而且我告诉你，我们的晚餐是米饭、红烧肉，你的晚餐依然是这碗面条。"阿智生气地回到自己的房间里，把门关上，呼呼大睡。这一觉，阿智睡到了三点。起床之后，阿智觉得饥肠辘辘，提出要吃饭。爸爸让阿智自己把面条放到微波炉里热一下吃，阿智感到很奇怪，原本难以下咽的面条居然香喷喷的，前所未有的好吃，他狼吞虎咽，很快就把一大碗面条吃进了肚子里。

爸爸妈妈当然心疼阿智没有吃饭，但是他们也很清楚，对于孩子的爱不能是无限度的，否则就会纵容孩子，使他们的行为没有边界。爸爸很坚持，一定要让阿智吃下这碗面条，才能吃其他的东西。只有这样的经历，才能让阿智下次对食物心怀感激，也对妈妈辛苦做饭心怀感激。在爸爸的坚持下，阿智果然感受到了面条的好吃，狼吞虎咽地就把面条吃完了。

父母爱孩子固然是本能，也是付出，但父母对孩子的爱一定要把握好限度。有些父母总是无限地满足孩子的一切要求和欲望，这么做的直接后果就是让孩子误以为自己是无所不能的。这样的良好感觉会让孩子失去行为的准绳，也会让孩子自我感觉过于良好，因而陷入冲动、自负等负面情绪之中。

父母固然要宽容孩子，却不要无限度地纵容孩子。有些父母每当发现孩子的行为"越轨"，就会为孩子找各种理由开脱责任。前段时间，有个35岁的司机无证驾驶，涉嫌危害公共安全罪，被处以罚款、拘留。父母居然向执法的交警求情，说孩子还小，不懂事。不得不说，这位司机都已经是35岁的年轻人了，难道不知道无证驾驶会危害自己和他人的生命安全吗？无证驾驶，就像在家里纵火一样严重，如果这位35岁的年轻人真的在家里纵火，父母还会为他辩解吗？正所谓有什么样的父母，就会教出什么样的孩子。这句话非常有道理。看到这个年轻人的行为，我们也就不难理解他的父母居然以如此荒唐可笑的借口为他辩解了。

没有行为边界的人生会走向两个极端，一个极端是束手束脚不敢有任何行动，另一个极端是肆意放纵，从不想到需要为行为的后果负责。相信每一位父母都不希望看到孩子的人生走向这两个极端，那么就要从孩子小时候，用心、耐心地引导，帮助孩子确定行为边界，这样孩子在展开行动的时候才能有据可依，也才能在边界之内享受更大的自由。

第09章

批评之前搞清楚状况,别武断下定论错怪了孩子

允许孩子用哭等方式表达不良情绪

有相当一部分父母只想看到笑靥如花的孩子，一旦看到孩子哭泣，马上就会制止孩子："不要哭！不许哭！赶紧停下来！"殊不知，这样的要求对于孩子而言是非常残忍的，因为孩子虽然小，却有自己的情绪和感受，也有表达情感的需求和能力。当父母一味禁止孩子哭泣时，就像强行把孩子感情的阀门关闭，一则孩子无法找到正确的途径发泄情绪，二则孩子也会因为情绪压抑而产生各种心理疾病。

毋庸置疑，孩子只有在遭遇负面情绪困扰的时候，才会情不自禁想要哭泣。作为父母，当看到孩子需要发泄负面情绪时，千万不要简单粗暴地制止孩子，更不要以各种方式压抑孩子的情绪表达，而应该给予孩子合理宣泄情绪情感的途径，鼓励孩子在心情郁闷的时候进行更为合理的表达。在孩子的心目中，最信任的人就是父母，如果在父母这里不能得到支持和帮助，孩子必然更加郁郁寡欢，心情低沉失落。最为重要的是，如果孩子的情绪总是得不到发泄，他们还会产生各种负能量，导致心理偏执，情绪不稳定，毫无疑问，这对孩子的成长是更为不利的。

有一天，妈妈正在厨房里做饭，乐乐大喊大叫着从外面冲进来，一边走一边喊道："我讨厌张宇，他再也不是我的好朋友了！"妈妈正准备问问乐乐到底是怎么回事，乐乐就已经冲到自己的房间里了。看到乐乐情绪冲动的样子，妈妈原本想去询问乐乐到底发生了什么事情，但是转念一想：孩子大了，有心事了，就让他自己消化吧！

一直到吃晚饭的时间，乐乐才从卧室里出来，他的眼睛红红的，似乎哭过了。妈妈耐心询问乐乐："乐乐，今天怎么了？和张宇闹别扭了吗？"乐乐点点头，眼泪簌簌而下："我想当班长，班级里今天组织投票，他却把票投给了别人，我再也不当他是好朋友了。"妈妈安抚乐乐："哦，原来是这样。你想当班长，一定是为了给班级同学服务，对不对？"乐乐点点头。妈妈没有让乐乐擦眼泪，她就像没有看到乐乐的眼泪一样，这样一来，乐乐反而更自在，也不觉得哭泣是丢人的事情。妈妈继续对乐乐说："乐乐，我能理解你的心情。不过，当班长也是需要能力的，我觉得，是不是因为张宇觉得你某个方面的能力不够，所以把票给了更适合当班长的人？"乐乐冲动地喊道："我就是适合当班长的人啊！"妈妈说："每个人对于班长的理解都是不同的。也许，张宇和你对于班长的标准就不一样。你要是觉得心里难受，可以哭一哭，不过哭过之后也还要继续努力，这样当你具备当班长的能力时，就会得到更多的选票，好吗？说不定现在大家选的班长没有那么完美，你也有可能在下一次班委选举中胜出呢！"

就这样，在妈妈的安抚下，乐乐的情绪恢复了平静。吃完美味的晚餐，乐乐对妈妈说："妈妈，我觉得你说得很对，我应该继续努力，再接再厉，也许在同学们心中，我现在还不足以成为合格的班长吧！"妈妈由衷地对乐乐竖起了大拇指。

很多人都认为爱哭的孩子性格软弱，因而每当看到孩子哭泣的时候，他们就会情不自禁训斥孩子，喝令孩子当即停止哭泣，这有很大一部分原因是怕孩子给父母丢脸。实际上，孩子之所以哭泣，是因为他们内心产生了负面情绪，在负面情绪的诱导下，他们才情不自禁地哭泣。哭，作为孩子的情绪表达方式之一，对于孩子身心健康的成长有着重要意义。作为父母，一定不要压抑孩子的情绪表达，而是应该引导孩子更好地表达情绪，这样孩子才能身心健康地成长。有的时候，如果觉得孩子的情绪太过激烈，父母还可以引导孩子转移注意力，让孩子做喜欢做的事情，从而给情绪恢复争取更多的时间。在亲子关系中，情绪情感的沟通是至关重要的，孩子必须与父母之间进行有效的沟通和充分的情绪表达，才能与父母建立深厚的感情和稳固的关系。否则，如果在沟通过程中，语言和情绪情感相剥离，则只会导致亲子关系破裂，亲子矛盾越发严重。因而，父母一定要允许孩子表达自己的情绪情感，从而让亲子沟通进入良性循环之中。此外，父母还要对孩子的情绪情感表达进行积极的回应，这样孩子才能更加乐于表达自己的情感，也让内心的情绪河流顺畅地流淌。

不要忽略孩子表达自己想法的意愿

很多父母因为忙碌，总是无形中忽视孩子的表达，对孩子的表达完全不放在心上。有些父母还会因为忙碌而对孩子感到厌烦，或者想办法把孩子应付过去。实际上，父母要想了解孩子的内心，就要耐心地倾听孩子，把孩子的表达放在心上。也唯有如此，父母才能在了解孩子的基础上，把话说到孩子的心里去，从而有效地增进亲子感情，拉近亲子关系。

人总是忙忙碌碌，有哪一天能够完全闲下来，只倾听孩子呢？现代社会，很多孩子内心充满忧愁烦闷，但是父母却对孩子完全不了解，不得不说，这是父母的失职。例如，有极少数孩子患有严重的抑郁症，而父母对此却全然不知，直到孩子做出决绝的举动，父母才恍然大悟，懊悔不已，可惜为时晚矣。所以不管是对于年幼的孩子，还是对于情绪敏感的青少年，父母都要更加重视孩子的表达，关注孩子的内心，唯有如此，父母才能时刻洞察和关注孩子的心理，也才能把握孩子成长的节奏。

下班之后，妈妈去幼儿园接小玉。小玉一看到妈妈，就开始滔滔不绝地说幼儿园里发生的趣事："妈妈，甜甜今天玩滑梯的时候特别大胆，她还从滑梯前面往上爬呢！妈妈，我们今天中午吃糖醋排骨，糖醋排骨特别好吃，甜甜的，还有番茄炒鸡蛋，也是酸酸甜甜的。"妈妈正想着工作上的事情呢，因而漫不经心地敷衍小玉。小玉还告诉妈妈："妈妈，今天毛老师穿的裙子特别漂亮，长长的，就像孔雀的尾巴……"

小玉不停地说着，妈妈感到十分厌烦，突然呵斥小玉："好了，别说了！你总是不停地说啊说啊，说得人烦死了。你能不能安静一会儿？我天天工作就够累的了，你还烦人。"妈妈话音还没落，小玉的眼泪就流出来了，看着小玉眼睛里含着泪水，妈妈感到很心疼："小玉，别哭了，妈妈不是故意的。你继续说吧，妈妈认真听，好不好？"小玉破涕为笑，又开始真诚地对妈妈讲述。

很多父母都不会调整情绪，尤其是在工作遭遇困境的时候，他们只会把负面情绪发泄到孩子身上，而不能做到调整情绪，心情愉悦地对待孩子。不可否认，作为父母，有的时候真的很忙，不但要处理好工作上的事情，还要兼顾家庭和孩子，常常手忙脚乱，无从应对。作为父母，在情绪不佳的时候，可以直截了当地告诉孩子："请等一等，妈妈再有五分钟就忙完了，等下再听你说话。"这样一来，相信孩子就会耐心地等待。与其以负面情绪对待孩子，还不如这样积极地去调整，反而能够以更好的情绪对待孩子。

每一个负责任的父母，都知道孩子顺畅地表达情绪和情感有多么重要。感情就像是流水，总要找到宣泄的途径，尤其是在很多复杂的情况下，情绪冲动的时候，更应该学会发泄负面情绪。每一个负责任的父母，都不应阻止孩子表达心声。表达心声是孩子的天性，当父母愿意倾听孩子的表达，孩子的天性才能得到满足，他们的情感也会得到满足。父母需要注意的是，不管孩子到底想表达什么，都要给予足够的重视。和吃喝拉撒等基本需求相比，表达情感的欲望更重要，父母用心的倾听，会最大限度满足孩子的心理需求。尤其是在成长的过程中，孩子难免会有情绪激动的时候，这种情况下，父母一定要学会倾听孩子，才能在了解孩子内心的基础上，把话说到孩子的心里去，让孩子从父母身上得到积极的正能量。

别嫌孩子磨蹭,听孩子把话说完

在亲子关系中,孩子虽然得到了父母的爱,实际上却处于弱势地位。这是因为很多父母都没有耐心倾听孩子,更无法等待孩子完整地表达自己的想法、态度和情绪感受。这是为什么呢?是因为很多父母都对孩子怀着先入为主的态度,觉得孩子因为心智发育不够成熟,人生经验不足,所以说出来的话一定全无道理。实际上,对于孩子而言,这是错误的观念。孩子虽然小,也有自己的思想意识,年幼的孩子在两三岁后,自我意识就不断增强。父母要想与孩子之间建立良好的亲子关系,一定要尊重孩子,这样才能得到孩子的尊重。而允许孩子把话说完,就是最基本的尊重。

孩子的思维能力正处于发展过程中,所谓言为心声,孩子的思维能力与表达能力是密切相关的。很多父母因为心急会打断孩子的表达,而实际上这也同时会中断孩子的思考。长此以往,孩子总是被中断思考,思维能力渐渐地就会受到影响,无法完整地表达自己的所思所想,表达能力和人际沟通都会受到不同程度的影响。

放学回到家里,乐乐尽管已经习惯了校园生活,却依然迫不及待想要告诉妈妈自己在一天里的经历。乐乐显得很兴奋,对着妈妈滔滔不绝:"妈妈,我今天得到了老师的表扬。因为我在语文课上表现非常好,积极踊跃地回答问题,所以老师当着全班同学的面说'大家都要向乐乐同学学习,虽然乐乐此前因为骨折一个多学期都没有上课,但是学习上丝毫没有落后,甚至比那些天天上课的同学表现更好。'"乐乐说完之后期待地看着妈妈,但是妈妈正在忙着做饭,似乎对乐乐的话没有听真切。为此,乐乐再次提醒妈妈:"妈妈,我是不是很值得表扬呢?"妈妈敷衍道:"的确,此前表现还不错,不过你现在的任务是去完成作业,才能按时吃饭。"

听到妈妈的话,乐乐脸上的神采明显黯淡下来,他撅着嘴巴失落地去写作业,满脸都是不高兴。妈妈感受到了乐乐的沉默和失落,因而赶紧对乐乐说:"乐乐,你的确非常棒,妈妈为你骄傲。不过学习是个循序渐进的过程,一时的成功和失败都不代表什么,你要更加积极努力,才能始终保持进步。"乐乐还是一脸的不高兴,妈妈只好放下手里的活儿,真诚地询问乐乐:"乐乐,老师提问你什么问题了?你是如何回答的?"乐乐这才兴致勃勃地告诉妈妈:"老师提问,人从贫穷的生活中能够得到怎样的养料,我与你、爸爸曾经讨论过这个问题,所以我回答'贫穷可以为生活提供养分,让人拥有不屈服于苦难的精神,让人在面对生活的磨难时能够百折不挠,勇往直前。'"妈妈很惊喜地说:"你的回答非常厉害啊,老师一定很惊讶吧!"乐乐自豪地点头:"当然,老师说我的回答很有深度,也很有条理。"妈妈由衷地赞扬乐乐:"乐乐,以后也一定要像今天一样,遇到问题多思考,这样在遇到更多问题的时候,才能回答得井井有条,也有深度,对不对?"乐乐点点头,脸上绽放出笑容。

在这个事例中,乐乐之所以感到不高兴,是因为他的话还没有说完,妈妈就催促他去写作业,也因为妈妈没有给予他期望的肯定和赞扬。后来,妈妈意识到了问题所在，当即对乐乐表示赞许，乐乐这才转忧为喜，对妈妈耐心的询问积极回答，对妈妈的赞扬也很高兴。每一个孩子在成长的过程中，因为自我认识能力不足，也因为对父母的信任，所以他们最在乎的就是父母的评价。作为父母，面对孩子点点滴滴的进步，都要表示认可，也要对孩子的优秀表现及时表示赞许，这样才能满足孩子的心理需求，也有利于孩子的成长。

作为父母，在孩子积极倾诉的时候，不管是正忙于自己的工作或者手里的家务活，还是急于催促孩子去完成学习上的任务，都要有耐心，给予孩子时间把该说的话说完，也要积极地回应孩子，鼓励孩子，表扬孩子。父母要认识到，孩子之所以积极地向父母倾诉，目的就在于通过表达，得到父母的理解和认可，但是假如父母粗暴地打断孩子的表达，孩子就无法实现预期的目的，不但思维和表达被打断，而且心理需求也得不到满足。

允许孩子说不,别总用听话来限制孩子

很多父母在亲子关系中都会进入一个误区,既觉得孩子还小,智力发育不够成熟,也缺乏人生经验,为此,总是强制安排孩子的人生。当与孩子意见出现分歧的时候,父母还会要求孩子必须听从父母的意见,这对于孩子来说当然是不公平的。父母对孩子不要采取强权主义,而要允许孩子拒绝父母。

当然,对于父母而言,孩子如果言听计从,父母当然管教孩子时更加方便。但是从长远角度来看,如果孩子没有独立的见识,长大成人之后就无法得到父母的全面安排,就会在人生之中遭遇困境,无法应对人生。所以,明智的父母不会要求孩子对父母言听计从,而是允许孩子有自己的思想和主见,在孩子拒绝父母的安排时,父母也要尊重孩子的意见,理性分析孩子的方案是否可行。唯有如此循序渐进地提升孩子的独立思考能力,孩子的自理能力才会越来越强,独立性也会逐渐加强。

趁着周末,妈妈带着甜甜去买换季的衣服。甜甜最喜欢穿裙子,所以妈妈计划为甜甜选购几件裙子。到了商场,妈妈挑选了几件裙子让甜甜试一试,在这几件裙子里,妈妈尤其喜欢一件灰色带红色花朵的裙子,看起来时尚大方,非常洋气。然而,甜甜对妈妈选中的裙子并不喜欢,而是自己选择了一件粉色的裙子。这件裙子有好几层纱,看起来非常漂亮。妈妈担心这件裙子穿起

来太热，但是甜甜对此不以为然："妈妈，我不会热的，我喜欢这件裙子。"妈妈坚持让甜甜穿上灰色的裙子，甜甜却总是拒绝，无奈，妈妈只好强制甜甜试穿裙子。甜甜生气地扭动身体，挥动手臂，拒绝妈妈的要求。

后来，妈妈虽然买了那件灰色的裙子，但是甜甜始终拒绝穿。每次妈妈拿出那件裙子，甜甜就很生气，爸爸看到妈妈和甜甜为了裙子争执，就询问妈妈："你不是带着她去买裙子的吗？为何还买回来一件她拒绝穿的裙子呢？"妈妈也很郁闷："我喜欢这条裙子，我以为她不喜欢，买回来之后就会喜欢，谁想到她这么固执呢！"爸爸笑起来，说："你呀，以后要学会尊重孩子的意见啦！"

允许孩子拒绝，允许孩子说不，这是对孩子最基本的尊重。很多父母都希望孩子非常听话，对父母言听计从，实际上这是错误的。教育的标准和目的并非是让孩子听话，而是让孩子有自己的主见，有自己的思想，这样孩子才能成为独立自主的人，也才有能力面对人生，支撑起属于自己的一片天空。

在亲子关系中，常常存在不合理的情况，即父母总是要求孩子听话，却从来不能耐心听孩子的倾诉，更无法真正做到尊重孩子的意见和建议。平等对待孩子，绝不应该仅作为一个口号被提起。父母应该调整好心态，真正从自我做起，尊重平等地对待孩子，从而得到孩子的尊重和信赖，让亲子教育顺利地开展和进行下去。

细心的父母会发现，两三岁的孩子自我意识逐渐增强，开始学会拒绝和坚持。对于孩子的成长而言，自我意识敏感期是至关重要的，在这个阶段，父母一定要保护孩子的自我意识，支持孩子发展独立的思想意识和观点，这样孩子才能更加独立自主，在遇到很多事情的时候也能发挥主观能动性，成功地为自己做主。从另一个角度而言，人无完人，金无足赤，父母虽然是成人，心智发育成熟，生活经验丰富，但是这并不意味着父母就是绝对正确的。尤其是很多父母对待孩子总是先入为主，从主观角度出发对待孩子，而并不了解孩子真实的内心状态和心理需求。这样一来，父母对孩子的猜测当然无法满足孩子的需求,唯有客观公正地认知和了解孩子,才能更加贴近孩子的真实需求,也才能给出合理的建议和指导。所以作为父母,再也不要因为自以为是而强求孩子必须听从父母的建议了,而是要怀着宽容的态度接纳孩子的不同意见,最大限度打开心扉理解孩子,尊重和平等对待孩子。

不要完全否定孩子插嘴说话的行为

在很多传统的家庭里，父母尽管爱孩子，但是从内心深处而言，并没有把孩子当成是平等的对象对待。很多父母在商议家庭里的事情时，总是不允许孩子发表见解，甚至孩子主动发表意见时，父母也会喝令孩子"闭嘴"。殊不知，看似简简单单的两个字，对孩子的内心会造成严重的创伤，当看到父母不管做什么事情都无视自己的意见，或者根本不允许自己发表意见时，孩子难以避免会产生人微言轻的感受，内心感到自卑、无助。

这样的家庭相处模式，都是因为父母总觉得孩子还小，根本不懂事，因而不允许孩子参与家庭事务，也不允许孩子参与父母的交谈。有些父母在看到孩子插嘴成人的沟通时，还会认为孩子是因为没礼貌才会插嘴，实际上有相当一部分孩子之所以总是插嘴成人的沟通，就是因为孩子无法通过正当的渠道得到表达的机会。从促进孩子成长的角度而言，孩子积极主动地参与父母的交谈，有利于发展孩子的思维，促进孩子思考。父母如果能积极地倾听孩子的意见，则有助于提升孩子的小主人翁意识，让孩子更加独立有主见。很多父母都羡慕别人家的孩子非常独立自强，却没有想到每一个独立自强的孩子背后，都有尊重且重视他们意见的父母。

明智的父母，非但不拒绝给孩子表达的机会，还经常主动创造机会给孩子表达。在遇到家庭里有重要的事情需要沟通时，尽管孩子小，父母也要征求孩子的意见。一开始，孩子也许不知道如何表达，或者说出来的意见并不值得采纳，随着参与家庭意见的次数增多，孩子的思维渐渐发展，说出来的意见也会更加中肯。这样，孩子独立思考的能力就会增强，会更加积极地参与家庭事务，也能够在很多场合里都把自己当成独立的人，理智地说出自己的想法。

最近，家里新买的房子要装修，妈妈征求了乐乐的意见："乐乐，你对于装修有什么建议吗？尤其是对你的房间，你可以自己做主。对于家里公共区域的设计，你也可以提出合理的建议。"听到妈妈的询问，乐乐非常高兴，说："妈妈，我可以设计自己的房间吗？"妈妈点点头，说："当然。"乐乐马上兴致勃勃，拿出画笔和白纸，开始当一个小小的设计家。

整个晚上乐乐都在伏案疾书，次日，乐乐高兴地拿出自己的设计稿来给妈妈看，对妈妈说："妈妈，这是我的设计方案，你快看看。"妈妈眼前一亮，兴奋地说："你太厉害了，乐乐，简直就是小小设计家啊！"说完，妈妈接过乐乐的设计方案，认真地看起来。后来，妈妈对于乐乐设计方案中不合理的地方提出了合理建议，乐乐也综合妈妈的建议进行了调整和修改。后来，妈妈果然按照乐乐的设计方案装修了乐乐的房间，乐乐也非常有成就感。

事例中，乐乐之所以能够给出综合的设计方案，就是因为妈妈平日里就主动对乐乐进行引导和启发。对于乐乐而言，能够亲自设计自己的房间，当然是一种荣幸，尤其是得到妈妈的信任，更是让乐乐感到发自内心的自豪和喜悦。实际上，明智的父母都应该和乐乐妈妈一样，创造机会让孩子主动表达，有机会的时候更要尊重孩子的意见和建议，给予孩子畅所欲言的机会。孩子一开始说不好没关系，因为每个孩子都是通过渐渐地学习从不会到会，才能提升和完善自己各个方面的能力。父母的尊重是对孩子最好的鼓励,也是能够给予孩子力量的源泉。

沟通,是人际交往的桥梁。人与人之间,唯有合理顺畅的沟通,才能加深了解,也才能建立良好的关系。孩子虽然小,但也是通过沟通来了解他人的。从这个角度而言,也可以说沟通是孩子了解外界、表达自我的主要途径。作为父母,要有意识地引导孩子自由地表达,否则一味压制孩子表达的欲望,只会让孩子感到非常痛苦,甚至在孩子长大成人之后,也会因此而受到负面影响,遭遇人际沟通的障碍。父母要记住,孩子一开始说得不好没关系,最重要的是在于鼓励孩子继续勇敢地说下去。只要孩子敢说,乐于去说,表达能力就会渐渐提升,最终也能做到和他人顺畅沟通,建立良好的人际关系。

孩子为自己争辩并不是不尊重他人

当亲子之间爆发矛盾和冲突的时候，很多父母总是强制要求孩子必须听从父母的建议，不允许孩子发出不同的声音，更不允许孩子表达自己的观点。不得不说，这样的强制管教行为，对孩子的成长是没有好处的，因为父母的强迫只会导致孩子成长的空间越来越小，思维也受到禁锢，心理无法变得更加成熟。

每一个父母都望子成龙，望女成凤，既然如此，就要给予孩子更大的空间。所谓海阔凭鱼跃，天高任鸟飞，对于孩子而言，爱与自由是最好的成长养料，父母在抚养孩子成长的过程中，也要给予孩子更多的爱和自由，也以爱与自由为孩子营造良好的成长环境。

在亲子沟通中，给孩子自由的表现，就是允许孩子争辩。很多父母总是要求孩子必须完全听从父母的建议，尤其是当亲子之间发生矛盾和争执时，父母更要尊重孩子，给孩子发表见解的自由。很多父母因为传统教育观念的影响，面对孩子时总是以高高在上的态度，觉得孩子就必须听从父母的，因而总是对孩子采取高压政策。殊不知，孩子尽管因为父母来到这个世界上，但是并非父母的附属品，也不是父母的私有物。父母可以助力孩子的人生，却不能完全代替孩子，安排孩子的人生。只有孩子自己，才是自己人生的主人，也才能主宰自己的命运，成就自己的人生。父母养育了孩子，并不意味着父母就有权利安排孩子的一切，当孩子有了自己的思想时，父母还要鼓励孩子保持积极的思想，活跃的态度，这样在一次又一次的争辩之中，孩子的思想更加活跃，思想越来越成熟，也就具备了独立思考的能力。

眼看着暑假就要到来，妈妈准备给乐乐报名参加英语补习班和数学补习班。对此，爸爸建议妈妈："你最好先和乐乐商量一下，省得他心生抵触，闹得彼此都不愉快。你也知道乐乐的脾气，他必须愿意配合，才能起到良好的效果，否则不但白花钱，还会惹得大家都生气。"妈妈觉得爸爸说得很有道理，找了一个合适的时间和乐乐进行了沟通。

妈妈对乐乐说："乐乐，你最近的学习任务越来越重，有没有觉得学习很吃力呢？"乐乐点点头，说："有的时候老师讲比较难的题目，我会感到很吃力。"妈妈问："那么趁着暑假，你愿不愿意补课呢？妈妈想给你报名参加几个培训班，帮你补习英语和数学，你觉得如何？"乐乐很高兴地说："嗯，可以，我也正想让你帮我报名补习呢！我们班级里很多同学都参加补习班，我如果不参加，就落后了。"妈妈听到乐乐同意，才开始和乐乐具体协商参加哪几门补习班的课程。就这样，报名参加补习班的事情圆满解决，到了暑假，乐乐每天开开心心地参加补习班，学习上也取得了突飞猛进的进步。

很多父母都因为孩子顶撞自己而烦恼，却不知道给孩子冠以"顶撞"的大帽子，就是在不公平地对待孩子。孩子根本不存在所谓的顶撞，只是在表达自己的想法，正因为父母不允许孩子表达心声，所以才会说孩子是在顶撞。换言之，如果父母与孩子之间的讨论，换成两个平等的成人之间进行，那么还存在顶撞吗？也许就是平等的商议。从这个角度而言，父母首先要调整好心态，真正尊重和平等地对待孩子，才能在与孩子沟通的过程中保持良好的沟通氛围，取得良好的沟通效果。

父母不要总是过于执着于所谓的"权威"，孩子对父母只要做到尊重即可，而无需盲目迷信和服从。当孩子争辩的时候，父母要为孩子有自己的思想和主见而感到高兴，不要一味压制孩子，更不要强迫孩子必须听从父母的安排和建议。记住，父母即使再爱孩子，也不可能陪伴孩子度过漫长的一生，明智的父母会趁着孩子还小，就循序渐进地引导孩子，帮助孩子形成独立思考、独立处理问题的能力，从而让孩子成功创造属于自己的人生。

允许孩子表达自己的思想和见解，就要允许孩子争辩，也给予孩子争辩的机会。父母切勿以所谓的权威压制孩子，而是要创造机会让孩子积极地表达自己的观点，努力说服父母接受他们的观点。唯有如此，孩子的思维能力、解决问题的能力才会得以提升，孩子也才能在争辩的过程中形成思辨的精神，养成良好的独立习惯。

参考文献

[1]柴一兵.孩子的优秀是训练出来的[M].北京：北京工业大学出版社，2015.

[2]于薇.不唠叨让孩子听话的诀窍：学会与孩子沟通的技巧[M].北京：经济科学出版社，2013.

[3]齐格勒.如何培养积极的孩子[M].黄爱淑，译.北京：九州出版社，2004.

[4]奥田健次.不批评才能培养出自觉主动的孩子[M].李友敏，译.北京：北京联合出版公司，2014.

[5]尼尔森.正面管教[M].玉冰，译.北京：北京联合出版公司，2016.